QUÉ NO TE IMPORTE LO QUE LOS DEMÁS PIENSEN DE TI

Cómo ser Indiferente a lo que las Personas Digan y Piensen

IVOR BOWMAN

© Copyright 2022 – Ivor Bowman - Todos los derechos reservados.

Este documento está orientado a proporcionar información exacta y confiable con respecto al tema tratado. La publicación se vende con la idea de que el editor no tiene la obligación de prestar servicios oficialmente autorizados o de otro modo calificados. Si es necesario un consejo legal o profesional, se debe consultar con un individuo practicado en la profesión.

- Tomado de una Declaración de Principios que fue aceptada y aprobada por unanimidad por un Comité del Colegio de Abogados de Estados Unidos y un Comité de Editores y Asociaciones.

De ninguna manera es legal reproducir, duplicar o transmitir cualquier parte de este documento en forma electrónica o impresa.

La grabación de esta publicación está estrictamente prohibida y no se permite el almacenamiento de este documento a menos que cuente con el permiso por escrito del editor. Todos los derechos reservados.

La información provista en este documento es considerada veraz y coherente, en el sentido de que cualquier responsabilidad, en términos de falta de atención o de otro tipo, por el uso o abuso de cualquier política, proceso o dirección contenida en el mismo, es responsabilidad absoluta y exclusiva del lector receptor. Bajo ninguna circunstancia se responsabilizará legalmente al editor por cualquier reparación, daño o pérdida monetaria como consecuencia de la información contenida en este documento, ya sea directa o indirectamente.

Los autores respectivos poseen todos los derechos de autor que no pertenecen al editor.

La información contenida en este documento se ofrece únicamente con fines informativos, y es universal como tal. La presentación de la información se realiza sin contrato y sin ningún tipo de garantía endosada.

El uso de marcas comerciales en este documento carece de consentimiento, y la publicación de la marca comercial no tiene ni el permiso ni el respaldo del propietario de la misma.

Todas las marcas comerciales dentro de este libro se usan solo para fines de aclaración y pertenecen a sus propietarios, quienes no están relacionados con este documento.

Índice

Introducción   vii

1. Comprendiendo el panorama   1
2. No puede hacer felices a todos   13
3. Supere sus miedos   39
4. Dejar de preocuparse por lo que otras personas piensan de ti   49
5. Generando una mentalidad fuerte y asertiva   67
6. ¿Cómo se ve a sí mismo?   75
7. ¿Cómo te ven los demás?   83
8. Ponga su plan en práctica en sus relaciones personales   103
9. Hacer que funcione   115
10. El cambio global de bienes a servicios   137
11. Haciendo la transición   153
    Conclusión   165

Introducción

Este libro es para personas que permiten que otros controlen sus vidas y decisiones. Este libro es para el complaciente de la gente que es completamente incomprendido porque le aterroriza perder la pequeña validación que cree que obtiene de la aprobación de la gente.

La verdad es que no necesitas la aprobación de todos.

No necesitas la aprobación de nadie.

Cuando la gente que busca validación necesitada escucha estas verdades a menudo exageran demasiado que esto implica que deben convertirse en psicópatas y hacer cualquier cosa horrible que quieran sin remordimiento.

Esto es solo su frágil ego asustado por el cambio y perdiendo el control de la lucha por la validación.

Introducción

Un idiota sociópata funcional que siempre rompe las reglas, miente, roba y hiere los sentimientos de las personas porque ignora las opiniones de los demás puede necesitar esforzarse para ser más considerado.

Pero, ¿qué pasa con las personas del otro extremo del espectro? Aquellos que constantemente tienen miedo de estar en desacuerdo con los demás porque se preocupan demasiado por lo que la gente piensa de ellos.

En algunos libros de psicología explica cómo los "santos" (Los santos, como son llamados a veces en algunos textos, también pueden llamarse anti psicópatas) y los psicópatas se sientan uno frente al otro en un espectro circular. Su forma de ver el mundo está tan cerca, pero tan lejos. Cerrar porque tanto el psicópata como los considerados santos, no se preocupan por lo que los demás piensen de ellos.

Lejos porque ejecutan esta similitud de formas muy diferentes.

El psicópata no es necesariamente un idiota. Es tan utilitario que puede tomar decisiones rápidamente sin dejar que las emociones entren en su proceso de toma de decisiones.

Cuando se le presenta una situación que es difícil para la persona promedio, el psicópata puede reaccionar más rápidamente, lo que tiene cierto valor de supervivencia.

Introducción

En aquellos libros de psicología, el autor les hace a los psicópatas varias de esas preguntas.

Tal y como si fuera médico y un paciente estuviera enfermo y podría no vivir, pero si lo mata, puede usar sus órganos para salvar a otros 5 pacientes, ¿lo haría? Los psicópatas admitirán de inmediato que sí lo matarían para salvar a cinco personas. Mientras que los no psicópatas tienen un momento de vacilación. Sus reacciones emocionales interfieren con su capacidad para hacer algo así.

No les importa lo que la gente piense de ellos, sin embargo, su falta de emociones negativas. Las reacciones están templadas por el respeto y el amor por la vida. Estos incluyen a los monjes que practican una meditación intensa que resulta en cambios cerebrales significativos.

Es realmente interesante.

La psicopatía real es el resultado de cómo funciona el cerebro. Practicar menos la preocupación por cómo te perciben los demás no te dará automáticamente el cerebro de un psicópata.

Si sus emociones han estado gobernando su vida e influyendo tanto en su comportamiento hasta ahora, continuarán haciéndolo. Así que no hay razón para preocuparse por convertirse en psicópata.

Para la mayoría de las personas, se encuentran en algún punto intermedio en este espectro de preocuparse demasiado por la aprobación social. Pero a veces las personas caen demasiado en la dirección de perseguir la validación. En poco tiempo, la ansiedad social comienza a arruinar sus vidas porque ya no pueden funcionar.

1

Comprendiendo el panorama

Para muchas personas, este deseo de complacer a los demás y ser socialmente aceptables es paralizante. Destruye sus vidas. Ellos nunca tienen la habilidad de realmente expresarse y les resulta difícil socializar. Cada acción que toman se filtra primero a través de la pregunta: ¿Cómo responderán las personas a mi alrededor a esto?

Podría decirse que lo que es aún más aterrador es la cantidad de personas que complacen a las personas funcionales. Parecen completamente normales.

Es posible que conozca algunos de sus pasatiempos, gustos y disgustos, y parece que realmente tienen habilidades sociales. Pero viven su vida como si el propósito fuera impresionar a otras personas.

. . .

Tal vez estés caminando por la calle y esperando que extraños atractivos piensen que te ves bien. O puede tartamudear un poco en una conversación y preocuparse de que la gente piense que es completamente retrasado.

Es posible que ni siquiera se dé cuenta de hasta qué punto su comportamiento y sus miedos están dictados por lo mucho que le importa lo que los demás piensen de usted.

Piense por un momento en cada decisión que tomó hoy.

- ¿Por qué eligió usar lo que está usando?
- ¿Por qué vives donde vives?
- ¿Trabaja más horas de las que realmente desea solo para pagar su costoso alquiler?
- ¿Puede realmente pagar todas las cosas que posee?
- ¿Trabaja más duro de lo necesario para poder pagar las posesiones materiales?
- ¿Comes ciertos alimentos sólo para tomar fotografías y publicarlas en las redes sociales?
- ¿Toma fotos con personas atractivas o conocidas para publicarlas en las redes sociales?
- ¿Te tomas muchas selfies y las públicas en las redes sociales con la esperanza de que la gente te siga y te preste atención?

- ¿Participa en actividades que realmente no le interesan para impresionar a la gente?
- ¿Acepta trabajos y otras solicitudes que en realidad no desea porque tiene miedo de decepcionar a los demás?

En el fondo de su mente a menudo puede haber una voz ideando trucos para impresionar a los demás y evitar la pérdida de la poca aprobación que crees que ya tienes.

La mayoría de las personas están conectadas a una matriz de aprobación social. Constantemente necesitan compartir todas estas opiniones ridículas que simplemente no me importan.

¿Alguna vez esperaste que alguien cercano a usted lo note?

No estoy totalmente de acuerdo con esto. ¿Alguna vez se ha preguntado qué piensan los extraños cuando lo ven?

No entiendo por qué todo el mundo puede desperdiciar una gran parte de su vida escribiendo comentarios en plataformas de Internet y redes sociales.

. . .

Es repugnantemente narcisista.

No me importa la opinión de nadie sobre algún vídeo aleatorio de Internet. Rara vez veo un comentario realmente perspicaz o entretenido. Por lo general, solo las personas comparten sus opiniones aburridas. La mayoría de las personas que ven tus comentarios ni siquiera pueden identificarse con lo que tienes que decir.

¡La única razón por la que la mayoría de la gente mira los comentarios de Internet es para buscar personas que compartan su opinión! Están buscando validación y es sólo un ejemplo retorcido de la búsqueda de sesgo de confirmación.

Si quiere dejar de preocuparse por lo que otras personas piensan de usted, entonces también debe dejar de asumir que a todos realmente les importa lo que piensa, asumiendo, por supuesto, que a usted realmente le importa.

El narcisismo es una expresión de una excesiva necesidad de aprobación social.

No necesita impresionar a nadie excepto a usted mismo.

. . .

A nadie realmente le importa

¿Cuántas personas le están juzgando cada día?

A menos que esté empujando a los ancianos frente a automóviles en movimiento o haciendo alguna acción claramente repugnante frente a otros, es probable que una sola persona que vea o con la que interactúe en un día no lo recuerde. No recuerdo las caras de personas desconsideradas que vi hurgarse la nariz en público. Y sí, los juzgué porque es demasiado repugnante ver a otros hacer eso en público. Pero no me importa un poco quiénes son, solo desearía que fueran más considerados.

Y mientras estamos en el tema de las cosas vergonzosas que se pueden hacer en público, ¿cuántas veces te han reído o criticado en público? Incluso si sucediera, no resta valor a la opinión más importante qué importa, la suya. La teoría dice que hace millones de años si cometía demasiados errores o cabreaba al líder equivocado, sería expulsado de la tribu y ya no podría sobrevivir.

La mayoría de la gente ni siquiera se preocupa por ti. Incluso personas con las que interactúa en su vida diaria, como compañeros de trabajo o el empleado del restaurante en el que siempre almuerza o come.

. . .

Alguna forma de este concepto siempre ha sido parte de nuestra herencia genética.

Es natural que sintamos el deseo de pertenecer, ser amados y respetados. Sin embargo, es lamentable que este deseo pueda dominar nuestra capacidad para expresar nuestra individualidad y perseguir los objetivos que realmente nos importan.

No eres tan especial. Todos los demás están haciendo lo mismo que usted está haciendo. Se preocupan por lo que todos piensan de ellos y del trabajo que producen. Algunas personas simplemente son mejores para ocultarlo que otros.

Siempre me sorprende cuando las personas que realizan su trabajo a la perfección y con entusiasmo admiten que en realidad odian su trabajo y les aterroriza molestar a sus jefes.

No tengo idea de cómo actúan tan bien y luego apagan esa alegría casi auténtica cuando terminan de trabajar.

Tal vez piense que preocuparse por lo que su jefe piensa de usted es una situación más compleja que lo que el azar de los pensamientos que tiene la gente externa.

. . .

Después de todo, hace enojar a su jefe y será expulsado de su tribu y necesita empezar de nuevo en una nueva.

Es posible que tenga una relación compleja con su jefe, pero la necesidad de encontrar un nuevo trabajo es mucho menos grave que sobrevivir en un bosque mortal con solo un palo afilado para protegerse. Además, su próximo empleador puede apreciar más sus opiniones reales.

¿Cuál es tu tema favorito para pensar?

Piense realmente en la respuesta a esta pregunta durante un minuto. Podría pensar que le gustaría pensar en encontrar una novia o pareja, cosas que quiere comprar, lugares a los que quiere ir, e inclusive algunas otras tonterías al azar que podría usar como ejemplos.

Pero profundiza un poco más y supongo que se dará cuenta cómo cada uno de sus temas favoritos se relaciona con usted mismo.

- Cosas que le gustan.
- Cosas que odia/que le disgustan
- Las personas que usted quiere en su vida.
- Lugares a los que quiere ir.

¿Cuándo iba a tomarse un momento para pensar en ellos y alimentar a algunas personas sin hogar o rescatar a los extraviados de ahí?

Por supuesto que estoy exagerando un poco. Pero si esto no logra describir, es probable que lo haya observado en otras personas.

El filtro – Esto está bien

¿Alguna vez notaste cómo cuando estás en un lugar o situación nueva, automáticamente miras a tu alrededor para averiguar si tu comportamiento es aceptable o no? En algunas situaciones sencillas, esto puede resultar útil. Por ejemplo, estás en un nuevo restaurante donde diseñas tu propia pizza y no estás seguro de cómo ordenar tu comida, así que primero observamos cómo lo hace otra persona. Solo quería aprender un proceso simple para poder obtener su comida. No hay daño, ¿verdad?

Hay algunos videos divertidos de experimentos sociales en los que un grupo de personas mira hacia la parte trasera del ascensor en lugar de mirar hacia la puerta, la gente que entra al ascensor está confundida y, a menudo, miran hacia atrás con todos los demás. Entonces este grupo de personas comenzará a contar. 1, 2, 3, 4 ... y luego, cuando llega el turno de contar de la víctima confundida, en realidad grita 5. No sabe por qué lo está haciendo; solo está siguiendo lo que hacen los demás. Ni siquiera conoce a estas personas y no tiene ninguna razón lógica para buscar su aprobación durante este breve viaje en ascensor, sin embargo, las sigue.

Entonces, ¿eres un seguidor o un líder?

Dado que está leyendo este libro, es probable que sea más un seguidor. O es un líder y quiere ser un líder aún mejor.

Puede que le guste seguir a quien sea que sea el líder. Siempre que las chicas lindas dicen que les gusta algo finge que también le gusta solo porque quieres agradarles a ellas. Bueno, no les gustan los mocosos deshonestos. (Generalmente)

Piense por un momento, ¿cuántos roles de liderazgo ha asumido en su vida?

¿Cuántas oportunidades de ser líder ha dejado pasar?

¿A cuántos grupos de personas ha dirigido en alguna actividad?

. . .

Si tiene poca experiencia en liderazgo, ¿cómo puede esperar liberarse de su estado de seguidor autoimpuesto? Tenga en cuenta que no debe hacerlo solo porque quiera que la gente piense que es un líder, sino porque realmente quiere dejar de importarle un comino lo que la gente piense en usted. Un líder sabe que sus opiniones serán escuchadas.

Cuando hablas, ¿hablas muy rápido porque tienes miedo de que te interrumpan? Bueno, veamos que ahí está el comportamiento de un seguidor débil. El jefe no tiene miedo de que lo interrumpan, habla tan lento, rápido o tan alto como quiere porque espera que el mundo lo escuche.

Acepte algunos roles de liderazgo y preste atención a cómo las personas responden a sus solicitudes. Naturalmente, encontrará que la mayoría de las personas son seguidores. También desarrollará su capacidad para desconectarse de la mentalidad de agradar a su gente.

Asumir roles de liderazgo es una gran responsabilidad.

Usted toma decisiones, como dónde comer o en qué objetivos concentrarse. Tiene el poder de liderar a sus seguidores directamente rumbo a la victoria o derecho al infierno. La mayoría de la gente no soporta ese tipo de presión. Es más fácil y cómodo ser seguidor. Otras personas toman decisiones por la vida del seguidor. Otras personas tienen la responsabilidad.

Cuando acumula experiencia de liderazgo, puede practicar la expresión de sus opiniones. Aún más importante, ¡puedes practicar cómo influir en el entorno en lugar de ser influenciado por él!

Si no está acostumbrado a eso, puede parecer inconcebible que otras personas escuchen sus demandas.

La mayoría de la gente lo hará, pero usted necesita hablar con confianza, volumen y claridad, esto demuestra que espera salirse con la suya.

Existe una gran cantidad de experimentos realizados que nos demuestran esto. En uno, un hombre dibuja un cuadrado en el suelo en un espacio público. Cuando le dice a la gente en voz baja, "Manténgase fuera de mi plaza", mucha gente no lo escucha. Pero cuando les gritó en voz alta: "¡MANTÉNGASE FUERA DE MI CUADRADO!"

Todos le dieron mucho espacio. Bajó el volumen, por lo que estaba en el medio de estos extremos, y aunque todavía era muy fuerte pero no gritaba, la mayoría de la gente todavía lo escuchaba.

Hablar con convicción te permite influir en tu entorno.

Así que, en la medida de lo posible, busque oportunidades para practicar la toma de decisiones. Elija dónde quiere comer con su grupo de amigos, asuma la responsabilidad de ser un líder de grupo. O iniciar algún tipo de Meetup o club.

Y cuando diga algo, dígalo sin una pizca de duda en su voz.

2

No puede hacer felices a todos

Te vi felicitar a esa linda chica – o a ese hombre guapo si eres mujer – y sabe muy bien de quien estoy hablando.

Pensaste que a ella/él le gustaría ese cumplido y, por lo tanto, le agradaría y estaría desesperada/o por tu atención.

¿En qué universo al revés crees que es útil buscar la aprobación y la adulación?

La mayoría de la gente ve a través de él. Simplemente acaricia su ego. No porque dijiste que era hermosa, sino porque te preocupas tanto por lo que piensa de ti que trataste de llamar su atención con una aprobación poco convincente en busca de un cumplido.

. . .

Entonces, ¿cómo debes hacerla feliz? O a él si eres mujer.

Pero por lo que he observado generalmente son los hombres los que piden la aprobación de las mujeres y rara vez al revés. Aunque por supuesto que sucede.

Deje de preocuparse por cómo se siente a su alrededor. Si ella no disfruta de su compañía, entonces ella puede irse y dejar de perder su tiempo.

Tienes una cantidad limitada de tiempo en esta Tierra y el universo no se preocupa por usted en absoluto. Sin embargo, usted puede preocuparse por cómo gasta su ridículamente corta cantidad de tiempo vivo en esta roca flotante.

Puede hacer un esfuerzo para encontrar personas que aprecien lo que realmente piensa y siente en lugar de intentar impresionar a las personas que ni siquiera respeta en absoluto.

Lo que es mejor, ser amado por algunas personas que realmente logre entenderle, o, ¿ser tolerado por mucha gente a pesar de que realmente no te conocen en absoluto?

. . .

La respuesta es obvia. Sin embargo, poniendo esto en práctica cuando esté acostumbrado a preocuparse por lo que la gente piensa que tomará tiempo y la fuerza de voluntad para construir algunos hábitos nuevos.

Es imposible complacer a todos.

No importa lo que digas o hagas, alguien te juzgará. Podrías ser objetivamente el hombre más guapo, creativo, exitoso y ambicioso de la Tierra y millones de mujeres todavía te juzgarán poco atractivo y ambicioso. Prefieren tener una cita segura, aburrida, poco ambiciosa, con gente menos atractiva o interesante que usted.

¡Lo mismo ocurre con las mujeres muy atractivas! No importa lo guapas que son, no pueden atraer a todos los hombres. Puede pensar que es un hombre muy valioso, pero habrá mujeres que no estén de acuerdo con esa opinión.

Puede pensar que es un gran músico, pero no todos apreciarán su talento, lo tenga o no.

Cuando alguien no está de acuerdo con usted, incluso con tu propia opinión, no necesita luchar para convencerlo.

. . .

A veces es necesario admitir que no se está de acuerdo con alguien. Defender su posición. Sea lo más cortés que pueda y explique elocuentemente por qué la otra persona está equivocada si quiere. Sin embargo, no necesita dejar que esa diferencia de opinión arruine su día.

Sin embargo, agregaré una advertencia a esto, porque hay algunos narcisistas que tienen una imagen bastante inflada sobre lo increíbles que son en realidad. Son los egos se han disparado a tales proporciones que alguien debería ir a reventar su frágil realidad.

Mucha gente, especialmente mujeres, usan maquillaje y aplicaciones de edición de fotos para enmascarar sus imperfecciones y buscar la validación de las redes sociales. Se crean páginas de fans en redes sociales, a pesar de que no han hecho nada digno de mención, además de tener un comportamiento ridículo similar. Necesitan un control de la realidad. Deben escuchar seriamente las críticas de otros que señalan las proporciones de su ego.

Y podría haber otras áreas de tu vida que realmente merecen críticas. Cuando alguien te critica, se necesita valor para usarlo como una oportunidad de auto-introspección y admitir que usted podría tener un problema que debe solucionarse.

. . .

No descarte automáticamente todo lo que dice la gente, tenga las agallas para pensar en ello. Y si sus ataques no tienen validez, entonces sigue adelante con tu vida.

Deberías ser honesto consigo mismo y con otros.

Forme sus propias opiniones

Me importaba demasiado lo que la gente pensara de mí. Recuerdo cuando era niño y alguien hablaba de lo mucho que les gustaba una película o una canción y, a veces, simplemente estaba de acuerdo sin pensar con cualquier opinión que tuvieran como si fuera la mía.

No tengo idea de cómo sucedió eso. Era como si hubiera nacido sin ninguna opinión y para sobrevivir mi programación natural era copiar las opiniones de los que me rodeaban para tener una sensación de aceptación.

Ahora que me he vuelto mucho más consciente de cómo funciona esto, lo veo en la gente todo el tiempo. Tantas personas parecen ser copias unas de otras.

Eso parece ser lo que le pasa a la mayoría de la gente.

. . .

Hasta que maduren y tengan el coraje y el apoyo para formarse sus propias opiniones sobre las cosas.

He conocido a algunos tipos que nunca tienen nada que decir en las conversaciones. Su problema no es la timidez o la falta de habilidades sociales o de sentido del humor.

Simplemente no tienen ninguna opinión. No les importa nada excepto la aprobación de los demás.

Simplemente están copiando la información que les da la sociedad y repitiéndola como un loro.

Siempre les doy a estos muchachos la tarea de formular opiniones. Vea películas famosas, lea libros, vaya a nuevos lugares y eventos.

Al tener constantemente nuevas experiencias y reflexionar sobre ellas con la intención de formar opiniones, te conviertes en una persona más equilibrada.

. . .

¡Tienes más de qué hablar y la gente realmente puede respetarte y comenzará a buscar tu aprobación!

Sus conversaciones con todas las personas han mejorado drásticamente simplemente porque tienen más opiniones y confían en sus opiniones.

Cada día dedique algún tiempo a formarse nuevas opiniones.

Escríbalos y comprométase a compartirlos honestamente con los demás cuando surja la oportunidad. Ciertamente lo hará y estará preparado esta vez.

Aprenda a decir no

El hecho de que seas demasiado complaciente con todos no te excluye de ser juzgado.

El comportamiento agradable de tu gente puede indicar que crees que hay trucos para evitar las duras críticas y la desaprobación de los demás.

. . .

En realidad, ser un empujón hace que la gente te respete menos. Así que tenga en cuenta si todavía le importa lo que todos piensen de usted.

Reconoce las consecuencias de tu comportamiento.

No es necesario que hagas todo lo que todos te piden. Ni siquiera necesitas poner excusas poco convincentes para salir de las cosas. Nadie puede desafiar la honestidad.

Escriba algunas cosas que aceptó de mala gana pero que desearía no haber hecho.

Solo hágalo... valdrá la pena.

¿Cuál hubiera sido una mejor manera de responder con la que te hubieras sentido más feliz? Escriba esta respuesta alternativa.

No se puede retroceder en el tiempo y cambiar sus errores, hasta donde sabemos. Pero puede prepararse para la próxima vez que tenga la oportunidad de decir que no o rechazar algo en lo que no tiene ningún interés.

. . .

Cuando eres tímido y socialmente ansioso, rechazar a los demás puede resultar incómodo. parece imposible. También es muy incómodo.

Si toma una clase, el maestro podría pedirle que contribuya más a las conversaciones grupales. ¿Qué haces entonces?

Quieres hacer feliz al profesor, pero al mismo tiempo te aterroriza salir de tu frágil caparazón.

Lo que es realmente irónico es que las personas tímidas son tímidas porque no quieren que las vean como raras. Pero compre siendo la persona antisocial en la habitación que no sabe cómo hablar, en realidad es extraña y atrae esa incómoda atención hacia ellos.

Si practica decir no a las cosas que no quiere hacer, puede comenzar el proceso de desarrollar su confianza. Puede que lleve algún tiempo, pero definitivamente vale la pena.

Sabes cuando tienes algo que arreglar en tu vida. También sabes cuándo debes admitir que no quieres hacer algo.

A veces es necesario decirle que no a los demás.

. . .

¿Qué pasa si su jefe quiere que vaya a trabajar 30 minutos antes una vez a la semana para hacer alguna tarea trivial que realmente no tiene conexión con su trabajo real?

¿Va a admitir que preferiría no hacerlo?

Si amas a tu compañía y, sinceramente, no te importa llegar 30 minutos antes para perder el valioso tiempo de tu vida, entonces esa es tu elección.

Pero ese tiempo se suma. En unos pocos años, eso se convertiría en miles de horas que podría haber dedicado a algo que realmente le importa.

No tenga miedo de decir no a las cosas que en realidad no quiere hacer y no tenga miedo de ser honesto consigo mismo.

Llene su vida de inspiración

¿Las personas que le rodean le inspiran a hacer su mejor esfuerzo? Probablemente haya oído hablar del concepto de que eres el promedio de las cinco personas con las que pasas más tiempo.

También eres el promedio de los libros que has leído recientemente y otras cosas a las que te expones.

Si estás rodeado de otras personas que comparten tus debilidades, entonces no hay nadie que te desafíe a ser mejor.

Solía salir con gente que nunca iba al gimnasio. Simplemente no era parte de mi realidad. Luego hice algunos amigos que me invitaron a hacer ejercicio juntos.

Recibí muchos buenos consejos de ellos y comencé a trabajar en mi salud y físico.

Cuando quise superar la ansiedad social, busqué amigos que fueran socialmente hábiles y carismáticos. Su capacidad para captar la atención realmente ha influido en mi propia capacidad para disfrutar de las interacciones sociales.

Sea lo que sea lo que realmente quieras hacer en la vida, es útil tener personas a tu alrededor que ya sean expertos en ello. Rodéate de gente mediocre e inevitablemente te convertirás en una persona mediocre.

Hacer un esfuerzo por cultivar amistades y conexiones de calidad con personas que hacen cosas que admira inevitablemente mejorará su vida y su capacidad para lograr lo que sea que le interese lograr.

A veces, no importa lo mucho que busque, parece que no puedo encontrar a una persona con una habilidad o experiencia que realmente me gustaría tener. La siguiente mejor opción es buscar esa información en libros o en Internet.

Hay tanta información sobre todo lo que podría desear saber y, sorprendentemente, la mayor parte es gratuita.

Si desea aprender un nuevo idioma, practicar artes marciales o iniciar un nuevo negocio, existen numerosos sitios web y grupos en línea que pueden ayudarlo a conectarse con estas personas, experiencias, habilidades y eventos.

Los sitios web son muy útiles y probablemente alberguen eventos en su ciudad en los que puede participar para conocer a personas que le interesaría conocer para conectarse sobre algún tema que le interese.

. . .

Rodéate de grandeza y asegúrate de que tu definición de genial no tenga nada que ver con lo que crees que otras personas piensan que es genial.

No debes tener miedo de hacer nuevos amigos y perder los que ya tienes.

Tienes más oportunidades de las que crees y el miedo a perder lo poco que ya tienes te ciega a la riqueza del potencial que hay ahí fuera.

Las personas que quieres en tu vida ni siquiera saben que existes todavía.

Así que no sabes qué tipo de personas increíbles están esperando conocerte. Todo lo que tienes que hacer es ir a lugares donde las personas que te gustaría conocer probablemente pasarían el rato.

Vaya a eventos y conozca a algunas personas que podrían cambiar el rumbo de su vida.

. . .

Y, como se mencionó, la siguiente mejor opción es leer toda la excelente información disponible sobre las habilidades que desea desarrollar y las cosas que desea hacer.

Escriba un plan de lectura.

Escriba una lista de temas sobre los que le gustaría leer. Y luego busca muchos libros sobre esos temas. Fíjese una meta de leer 100 libros en un año si puede.

Esta inspiración no solo ayuda a animarse a mejorar, sino que también te ayuda a desarrollar tus opiniones.

Conozca sus valores

Es hora de reclamar tu territorio. No sea ese enano de la manada que está aterrorizado de aullar a la luna. Saber lo que vale y convertirse en alguien listo para defender sus opiniones de otros.

¿Qué es lo que realmente valora?

. . .

Cuando sepas la respuesta a esa pregunta, reduce significativamente cuánto te preocupas por la te vas a la cama durante un mes entero. Constantemente te recordarás a ti mismo lo que te importa. Porque en lugar de defender sus valores ahora estará defendiendo los suyos.

Anote todos sus valores.

Pon esa lista de valores en algún lugar donde puedas verla cada día, como al lado de su cama. Revisar todas las noches antes de irse a dormir durante un mes completo, le servirá de recordatorio constante de lo que le importa realmente.

Y mientras revisa sus valores, también puede revisar y agregar a su lista de opiniones sobre las cosas que ha experimentado. Esto te reforzará completamente la idea de quién es.

Entonces, ¿qué le importa?

Personalmente, me preocupo por la verdad, la lógica, el respeto y mi tiempo. Me importa que la gente sea honesta conmigo. Me importa tratar de pensar lógicamente y trabajar en mi pensamiento racional y habilidades. También me importa la compasión. Quiero respetar a otros y también ser respetado. Me importa tener la confianza necesaria para enfrentarme a las personas que me faltan el respeto.

También me niego a perder el tiempo en cosas que no me importan. También tengo muchos más valores. Estos son solo algunos ejemplos básicos para darle una idea del tipo de cosas que podría incluir.

Cuando conoces tus valores, sabes exactamente cuándo decirles no a las personas y rechazar las cosas que en realidad no le interesan.

Sabes cuándo preferirías dormir bien y tener un fin de semana muy productivo en lugar de ir de fiesta con tus amigos. Sabes cuándo evitar las distracciones para tener el tiempo y la energía para perseguir sus pasiones.

Podrías decir que sí a cualquier distracción o invitación a la mierda que ni siquiera te interese porque esperas que te ayude a ganar algunos puntos y hacer que a la gente le guste usted.

Bueno, cuando tengas bien tus valores, entonces no tiene que recurrir a ese tipo de tonterías ridículas sin sentido nunca más. Su vida se convierte en lo que realmente le importa. Lo que le importa se convierte en lo que hace.

Socializar o divertirse de la forma que desee es estupendo.

Puede hacer lo que quiera.

Siempre que tenga una contradicción de intereses, debería pensar en lo que es más importante para ti, y por qué tiene miedo de decepcionar a alguien.

Como te invitaron a ir de viaje a otro país con sus amigos, sin embargo, se siente obligado a trabajar.

Le preocupa que no le paguen por el tiempo que no trabajaría, y también le preocupa lo que pensaría su jefe de usted por tomarse un tiempo libre.

Vaya, mire a este tipo duro, trabajando tan duro todos los días, todo el año, y nunca tomando un descanso. ¿Cuántas experiencias disfrutó realmente este año?

Siento burlarme de usted. Sabemos que algunas personas trabajan muy duro y tienen razones muy válidas para hacerlo. Tu tiempo es tu recurso más valioso. Piense qué actividad le dará más valor. Es probable que sea el viaje significativo y divertido a otro país con sus buenos amigos.

Tomar la decisión correcta debería ser más fácil. No incluir lo que otras personas piensan de usted en la toma de decisiones. Puede equilibrar la responsabilidad hacia los demás con la intención de hacerse feliz a usted también.

Entrenamiento de rechazo

- "¡Vaya, mira ese perdedor!"
- "Deberías aprender a hablar"
- "Tienes un corte de pelo de mierda"
- "Puedo decir que no tienes confianza, habla como un hombre"

¿Estás listo para ser rechazado?
¿No?
¿Bueno, por qué no?
¿Sigues enfurruñado en tu caparazón protector?
¿Crees que estás a salvo cuando escondes todos tus pensamientos reales dentro de tu cabeza y te niegas a mostrar el más mínimo indicio de personalidad o emoción real?
Vaya, eso suena muy mal.

Sin embargo, buena suerte con esa estrategia.

. . .

Pero si quieres conocer el secreto para desarrollar tu confianza y no tratar de impresionar a los demás todo el tiempo, entonces debes practicar el entrenamiento del rechazo.

O como mucha gente lo llama, Terapia de Rechazo. El objetivo es superar su miedo al rechazo exponiéndose constantemente a él. Así como alguien que teme a las arañas supera gradualmente su miedo al mirar y tocar a esos pequeños monstruos, puedes enfrentarte a tus propios monstruos y eliminarlos.

Puedes convertirlo en un juego. Todos los días, debes ser rechazado al menos una vez. Es realmente sencillo.

Básicamente, eso solo significa exponerse, expresar exactamente lo que quiere decirle al mundo y no preocuparse por cómo reacciona el mundo.

Se necesitará algo de práctica si ha pasado toda su vida evitando este mismo escenario.

. . .

Sin embargo, es mejor para ti deshacerte de esa coja armadura de aprobación en busca de tonterías y permitirte ser vulnerable.

Hay muchas formas en las que puede exponerse.

• Inicie un blog
Empiece a escribir sobre lo que sea que le interese. Pon tu foto ahí arriba. De hecho, ponga su foto al final de cada artículo. ¡Veo a muchas personas horribles que sin miedo ponen su foto al final de cada publicación del blog y nadie los critica por eso! Así que no tienes nada de qué preocuparte allí.

No se preocupe por su apariencia.

• Plataformas de video/streaming
Sí, haz algunos videos compartiendo tu rostro y tu voz mientras hablas con la cámara sobre un tema que solo te importa. O haz algunos videos divertidos con tus amigos. Y si eres músico, presumir en Internet es exactamente lo que deberías estar haciendo. Esto no solo te ayuda con tus habilidades para hablar en público, sino que también te permite trabajar para no permitir que los inevitables trolls o perdedores lastimen tu frágil ego.

. . .

Cuando vea sus propios videos, preste atención a su voz y a cómo está hablando.

¿Hablas con un tono de búsqueda de aprobación al final de cada oración, lo que hace que suene como una pregunta incluso cuando no lo es? ¿Tartamudeas? ¿Hablas demasiado rápido? ¿Tu voz es demasiado alta o nasal?

Todos estos son indicios de un comportamiento de búsqueda de aprobación. Al prestar atención a cómo habla, puede aprender a expresarse con más confianza.

No importa qué contenido increíble produzcas, inevitablemente habrá trolls que intentarán criticarte y hacerte sentir como una mierda en los comentarios o incluso en la vida real.

No necesitas vengarte y lanzar su desagradable revancha de vuelta a ellos. Solo debes aceptar que quieren ser trolls y que sus tonterías no tienen por qué afectar tus emociones de ninguna manera.

Los trolls a menudo parecen muy poco educados y sufren algunos problemas emocionales graves porque muchos de ellos solo son felices cuando sienten que han logrado quitarle la confianza a alguien.

Así que no te preocupes por lo que la gente inútil diga de ti.

En todo caso, compadécete de ellos por un momento y sigue adelante.

Si alguien alguna vez intenta insultarlo, lo mejor que puede hacer es sonreír y mantener su actitud feliz. Demuestra que no pueden impactarte.

La verdad es que solo los perdedores intentan llevarte a su nivel. Ven a alguien viviendo una gran vida, o obteniendo un poco más de éxito, e inmediatamente tratan de destruirlo por envidia.

Un famoso comience le dijo eso a un interlocutor que trató de burlarse de él durante una rutina de standup que las personas que son infelices en la vida siempre quieren callar a otras personas. Nunca quieren ver a nadie hacerlo bien. Si lo estás haciendo bien, dicen: ¡Voy a encontrar la culpa!

. . .

Cuando se dé cuenta de este comportamiento desagradable, puede llamarlo si es necesario.

No importarte lo que la gente piense de ti no significa que permitas que la gente te pase por encima. Significa que tienes el coraje de defenderte a ti mismo cuando es importante. Significa que tienes las agallas para denunciar el comportamiento repugnante de los trolls infelices.

¿Te imaginas a alguien exitoso tratando de reducir tu confianza? ¿Te imaginas a alguna celebridad yendo al programa de comedia de un comediante y gritándole insultos? ¿Te imaginas a un ingenioso multimillonario dejando un comentario grosero sobre lo estúpido que eres en tu video de internet?

¡Por supuesto no!

Las personas exitosas tienen cosas más importantes de las que preocuparse.

No pierden el tiempo tratando de lastimar a la gente. No tienen océanos de odio a sí mismos dentro de ellos como los trolls.

• También puedes intentar coquetear y tener citas.

Esta es una actividad que requiere que comparta honestamente sus ideas y experiencias. Funciona tanto si eres hombre como mujer.

Si un hombre está tratando de impresionar a una chica, simplemente le está demostrando que cree que ella está por encima de él y necesita que le pidan atención y aprobación o, de lo contrario, huirá.

Sin embargo, a veces me parece lindo cuando las chicas me hacen esto, aunque depende de cómo y por qué está tratando de impresionarme. Si solo quiere que piense que es genial porque eso aumenta su ego, por lo general solo respondo "ok" para demostrar que no estoy impresionado.

Como si estuviera hablando de todos estos lugares geniales por los que ha viajado o de lo que le compraron sus ex novios.

Esto solo demuestra un ego superficial hambriento de aprobación. No voy a alimentarlo.

Pero a veces las chicas solo quieren atraerme porque tienen miedo de perder mi atención.

. . .

Depende de la situación, pero veo esto como una señal de que esta chica está buscando mi confianza, por lo que me siento más cómodo compartiendo con ella mi propia información personal cuando siento que ella está siendo genuina y buscando mi atención.

Hay una gran variedad de libros disponibles en Internet y en las tiendas que pueden ayudarle. Si eres un hombre y necesitas consejos sobre cómo atraer, hablar, salir y formar una relación feliz y exitosa con una chica sin necesidad de ser necesitado y sin buscar aprobación.

3

Supere sus miedos

Una vez que hayas completado estas tareas, puedes pasar a cantar en público, coquetear con extraños y hacer algo como paracaidismo.

¿De qué exactamente tiene miedo?

Su próxima tarea es:

Escriba una lista de todo lo que teme

Estos son los miedos a los que debes enfrentarte. Anote todo lo que le haga sentir incluso un poco incómodo. Comience con las cosas que crea que serán más fáciles de enfrentar y avance progresivamente hacia miedos más desafiantes.

. . .

Cuando te enfrentas a tus miedos, inevitablemente creces.

He conocido a muchos hombres tímidos a los que les aterroriza hablar con mujeres y, al igual que tú, también les aterroriza el rechazo y no agradar a los demás.

Para ayudarlos a superar esto, obviamente deben enfrentar sus miedos e ir a hablar con extraños lindos, conseguir citas y expresarse de la manera más auténtica posible en estas citas.

Podrías comenzar tomando duchas frías durante una semana, hacer un video para Internet, pedirle direcciones a un extraño y tareas fáciles como esa.

Cuando hacen esto, les resulta mucho más fácil tener citas, pero lo más importante es que construyen su confianza y piensan cada vez menos en la impresión que lleva haciendo en otros. Realmente no necesitas agradarle otros.

Y esto, por supuesto, se aplica a todos tus miedos.

. . .

Empiece con algunas cosas que le hagan sentir incómodo.

Quizás le tengas miedo a las duchas frías, pero hay muchos beneficios en tomarlas. Te hacen estar alerta y listo para comenzar el día y también ayudan a tu sistema inmunológico. Resistir la temperatura fría es solo tu mecanismo de defensa de mierda que intenta evitar cualquier cosa que te haga sentir incluso un poco incómodo. 3-5 minutos de agua fría en tu piel ni siquiera te lastimarán. Es solo la mente sobre la materia por un momento muy breve, luego puedes sentarte junto a un calentador y sentirte muy alerta y vivo.

También se vuelve más fácil cuanto más lo haces y eventualmente habrás conquistado este miedo menor.

Repasa tu lista de miedos uno por uno hasta que los hayas conquistado a todos.

Este ejercicio es muy eficaz para ayudarlo a salir de su zona de confort.

¿Cuántos libros de temática similar a este has leído?

. . .

¿Ha recibido muchos consejos sobre cómo desarrollar la confianza y ser capaz de no preocuparse por lo que piensen los demás, pero aún no ha progresado mucho?

Bueno, no importa cuántos libros hayas leído, lo que importa es la acción que has tomado.

Tomar nuevas acciones cambia tu cerebro. Hacer cosas seguras te da confianza.

Una vez que haya enfrentado sus miedos, puede agregar a esta lista más metas y desafíos que tenga para sí mismo.

Probablemente no hayas podido hacer algunas cosas que siempre soñaste por miedo.

Bueno, ahora es el momento de hacer esas cosas.

Nadie te detiene más que tú.

Los miedos son oportunidades de crecimiento.

. . .

Míralos positivamente y no tienen poder sobre ti. Siempre que realmente crea eso.

No hay magia que pueda convertirte de repente en la versión valiente y carismática de ti mismo que hay dentro de usted.

Y esa versión de ti realmente existe. Solo necesitas desarrollarte para encontrarlo.

Eso requiere afrontar tus miedos.

No es necesario que se presione para lograr el éxito instantáneo. Paso a paso enfréntate a tus miedos. Si necesita ayuda, puede conseguir que algunos amigos lo empujen a hacer las cosas que realmente quiere hacer, o que las haga con usted.

Pero eventualmente, necesita ganar independencia y hacer todo por su cuenta.

Viajar solo

. . .

Viajar es la única actividad que puede transformar completamente tu vida. Especialmente viajando solo. Hay varias razones para esto.

Cuando viajas solo, desde el primer día tu rutina habitual ha cambiado por completo.

Ya no te despiertas a las 9 am todos los días, comes un desayuno apenas saludable y te diriges a hacer tu trabajo aburrido habitual o tus clases aburridas.

En cambio, estás comenzando una aventura.

Verás y experimentarás cosas nuevas y esto permitirá que ocurran muchos cambios más fácilmente dentro de ti.

Pero esto es sólo el comienzo. Cuando viajas solo, te enfrentas a muchos desafíos.

- ¿Qué hace en el aeropuerto?
- ¿Cómo pide comidas si no habla el idioma local? ¿Cómo coge el autobús?
- ¿Cómo consigues direcciones a donde quieres ir?
- ¿Cómo regresa a su hotel después de darse cuenta de que le robaron la billetera?

Tu cuerpo abandonará esa rutina anterior y te dará la libertad de comenzar una nueva.

Bueno, hay muchas oportunidades para la experiencia de la vida y el crecimiento cuando viaja. Viajando a solas lleva a un crecimiento personal. Te obliga a confiar en ti mismo en lugar de permitir perezosamente que tus compañeros de viaje tomen decisiones y resuelvan problemas por ti.

En lugar de seguir rutinas, tendrá más conciencia de todos los nuevos estímulos que le rodean.

Su zona de confort habitual incluye todas las cosas a las que está acostumbrado. Salir de tu zona de confort puede ser extremadamente divertido, ya que estás expuesto a todo tipo de nuevas ideas y desafíos a lo que consideras la norma social.

Tu forma de vida no es la única forma de vivir.

Su próximo desafío es planificar un viaje. En cualquier lugar al que pueda permitirse ir. Cuanto más lejos de donde se encuentra actualmente, mejor.

Y debe ir solo.

. . .

Especialmente si nunca antes ha viajado solo. Encuentra algunas actividades que te gustaría hacer en este nuevo lugar. Como tomar una clase de kickboxing de Muay Thai y hacer paracaidismo en alguna otra parte del mundo.

Conviértalo en una verdadera aventura. Encuentre al menos 2 actividades nuevas que nunca hayas hecho antes y hazlas. Por supuesto, puedes hacer nuevos amigos durante esta aventura, y probablemente lo hará.

Viaje lo más ligero posible, por conveniencia, por lo general solo ponga todo en una mochila cuando viaje solo para un viaje corto. Hace todo más fácil.

Investigue un poco para asegurarse de que el destino sea seguro.

Organice su viaje y los arreglos para dormir, y encuentre algunas actividades divertidas que disfrutará.

Cada vez que haga esto, tendrá las aventuras más increíbles e inolvidables y conocerá a las personas más interesantes.

. . .

Viajar solo le permite desarrollar la independencia. La autosuficiencia es una parte esencial para preocuparse más por su propia opinión de sí mismo que por la forma en que los demás lo perciben.

4

Dejar de preocuparse por lo que otras personas piensan de ti

Preocuparse por lo que otras personas piensen de ti es la paranoia que define a un ser humano. Es una locura colectiva presente en todas las culturas.

Estás preprogramado para querer encajar en el mundo. Pero eso no significa que debas preocuparte constantemente de cómo te perciben las personas. El miedo no requiere una explicación racional. ¡Hay gente que le teme a las bolas de algodón y al queso!

Evitar la desaprobación social era originalmente necesario para sobrevivir, pero ahora es solo un vestigio de molestia que nos impide ir al cine solos por temor a ser juzgados.

. . .

Su próxima tarea es hacer un inventario de todas las personas y grupos cuya opinión es más importante para usted.

Y junto a cada uno de estos, escriba exactamente por qué le importa su opinión. ¿Qué temes perder si no obtienes su aprobación?

Si su opinión le importa tanto, básicamente están dirigiendo su vida. Ni siquiera necesita conocer a esta persona, podría ser una celebridad a la que desea emular y le encantaría impresionar con su esfuerzo por ser como ellos.

Está horrorizado ante la idea de perder su aprobación y haría cualquier cosa para mantenerla.

Puede que digan algo y usted se concentrará tanto en ese pensamiento que será incapaz de escuchar su propia voz. La voz de tu yo auténtico. Terminas descuidando tu capacidad para desarrollar ese yo auténtico.

Su yo auténtico sabe quién es realmente.

. . .

Su yo auténtico sabe lo que realmente le gusta y lo que no le gusta.

Su yo auténtico le dirá cuándo las opiniones de los demás son irrelevantes y no deberían influir en sus decisiones.

Sin embargo, debido a que está tan preocupado por buscar la aprobación de los demás, ignoras todo lo que tu yo auténtico te dice hasta que ya no escuchas esa voz en tu cabeza que siempre estaba tratando de recordarte quién eres en realidad.

Esta voz pierde la motivación para animarte, porque sus ideas no son las que crees que te recompensarán con la aprobación social.

Su voz le está diciendo que se vaya a un largo viaje a Europa, es lo que siempre has querido hacer. Practica los idiomas, toma hermosas fotografías y disfruta del sol. Pero esa idea sería rechazada por otros. Dirán: "¿Europa? ¡Eso no está bien!", y le dirás a la voz de tu yo auténtico que se calle la maldita boca porque no te dice cómo ser genial.

¿Quiere saber quién es genial?

. . .

Es la persona a la que le importa un demonio lo que otros piensan que es genial y se va porque quiere irse a Europa de todos modos.

Cuando ignora su voz auténtica, no estará disponible para usted cuando necesite tomar las principales decisiones emocionales sobre su vida que finalmente definirán su carácter.

Cuando esa voz es silenciada, inevitablemente te conviertes en el promedio de las opiniones populares que flotan a tu alrededor.

No tienes autenticidad. No tienes voz. No permita que su identidad se base en la aprobación de otros o de lo contrario no tendrá ninguna identidad en absoluto.

Es posible que no se dé cuenta de hasta qué punto se ha silenciado su voz interior.

Así que así es como vuelve a poner su voz auténtica a que controle y limite el poder que tiene sobre su comportamiento la voz que no es auténtica y que agrada a las personas.

. . .

1. Escuche su voz auténtica

Lo sabrá cuando lo escuche. Pero puede ser necesaria una reflexión seria para darse cuenta de qué opiniones e ideas son realmente suyas y no solo las ideas que adoptó para obtener la aceptación de los demás.

Para encontrar realmente esta voz auténtica, reflexione sobre sus valores, que sé que ya ha escrito porque fueron una tarea que se le asignó anteriormente en este libro.

¿Qué es lo que realmente le importa? ¿Qué prefiere dedicar su tiempo a hacer? ¿Con quién le gusta pasar el tiempo?

¿Sus pensamientos y opiniones reflejan esto?

¿Cuánto le importa realmente su trabajo? ¿De verdad le gusta dedicarle su valioso tiempo? Le gusta tener novia ¿O, honestamente, le gustaría algo más de tiempo para estar soltero?

¿Cuántas cosas finges que te gustan y que te preocupan?

Puede tomar algún tiempo contemplar seriamente todas estas preguntas y encontrar las respuestas reales que lo ayuden a encontrar su identidad auténtica.

. . .

Cuanto más falso sea, más incómodo le resultará. Pero esto es necesario para comprender realmente quién eres y qué quieres de la vida y, lo más importante, cómo dejar de preocuparte tanto por lo que la gente piensa de ti.

2. Descubra por qué no ha sido auténtico

Lo más probable es que esto esté relacionado con cualquier cosa que le dé miedo. Por ejemplo, miedo a perder la aprobación de los demás y miedo a sentirse avergonzado.

¿De qué partes de tu vida estás más avergonzado? ¿Tiene miedo al fracaso y finge tener más éxito de lo que realmente es?

Sea honesto consigo mismo.

La otra forma en que puede mostrar falta de autenticidad es estar demasiado emocionado por los elogios y la aprobación que recibe de los demás. Cada vez que alguien dice que eres genial, guapo, inteligente o divertido, ¿te da un pico de dopamina de emoción y felicidad? Bueno, eso significa que depende de la aprobación de otras personas para su buen humor.

. . .

Eso es realmente un desastre. Dependes de otras personas para que te digan que seas feliz, para poder permitirte ser feliz. Tus emociones siempre están completamente bajo tu control. Esto no siempre es obvio, especialmente para las personas que son adictas a ese comportamiento de búsqueda de aprobación. No necesitas presumir, no necesitas suplicarle a la gente esta aprobación.

3. Elimine estas áreas no auténticas

Puede ser poco realista esperar que elimine todas estas áreas de falta de autenticidad. Pero debería reflexionar seriamente sobre cuáles sería apropiado conservar y cuáles deberían eliminarse.

¿Qué áreas de tu vida te preocupan más por expresar tu yo auténtico?

Reflexione sobre esa pregunta y comprométase a dejar que su voz auténtica tome el control en esas áreas.

A continuación, debe tomar medidas para desarrollar su yo auténtico y expresarlo en situaciones apropiadas. Básicamente, esto significa ser tú mismo sin miedo.

. . .

Es fácil leer un libro con buenos consejos. Pero, en última instancia, debe actuar por su propia cuenta y fuerza de voluntad.

Y si todavía le interesa ganarse la aprobación de la gente "genial", piense en esto. Las personas auténticas y geniales solo se sienten atraídas por otras personas auténticas que pueden expresar honestamente sus propias opiniones y no regurgitar lo que dicen los demás. Pueden ver a través de la inauténtica aprobación de las personas que buscan.

Directamente a través de ellos. Y lo que encuentro realmente gracioso es que estas personas inauténticas no tienen idea cuán obvia es en realidad su falta de autenticidad. Dolorosamente obvio.

Entonces, si realmente quieres conectarte con personas auténticas interesantes, entonces debes convertirte en una persona auténtica y estar dispuesto a expresar honestamente quién eres cuando te preocupes por hacerlo.

Los insultos que te estaba lanzando en este libro eran solo para enseñarte a dejar de preocuparte por lo que otras personas piensan de ti.

. . .

Usted sabe qué hacer ahora, pero depende de USTED hacerlo por sí mismo. Con algo de práctica y tiempo, definitivamente harás algunos cambios audaces en tu vida.

Deje de preocuparse por estas 3 cosas para dar rienda suelta a su auténtico yo

Es posible que aún no lo crea si no lo ha experimentado usted mismo, pero dentro de usted está la forma más pura de usted mismo. Este yo auténtico es compasivo, creativo y valiente. Eres tú el que vive libre y felizmente. Nacemos sin miedo, pero la sociedad nos arroja tierra y barro.

Mucha gente deja que estas capas de suciedad y expectativas sociales se cimenten. Mientras tanto, han olvidado por completo su potencial real.

Pero cuando comienzas a cincelar esa suciedad, te refinas. Encuentra la manera de impactar al mundo en lugar de ser sofocado por él.

La sociedad definitivamente necesita esa suciedad. Necesitamos personas que estén dispuestas a hacer todos los trabajos aburridos de la mente. Necesitamos que las personas limpien las cosas solo porque se les paga por hacerlo y no porque sea lo correcto. Y si realmente amas tu trabajo aburrido, entonces esa es tu elección y estoy feliz de que hayas encontrado tu propósito.

Pero para muchas personas, aceptar la mediocridad no fue su primera opción. Tenían sueños. Querían ir a hacer amigos por todo el mundo. Querían cantar con pasión. E infectar a las personas con su voz feliz y poderosa. De alguna manera, las expectativas de los demás se interpusieron e impidieron su crecimiento.

Tú, personalmente, también necesitas esa suciedad de las expectativas sociales. Si la sociedad no esperaba nada de ti, entonces tal vez no tendría ninguna motivación para ir a proveer para el mundo.

Esto puede ser una simplificación del proceso de maduración y crecimiento. Pero tiene sentido.

Una vez que la programación social te ha enseñado cómo ser aceptado en el grupo y has aprendido todas las reglas, también sabes cuándo está bien romper las reglas. Puede que no quieras pararte en una esquina y gritarle a la gente que se quede fuera de tu espacio, pero has visto a otras personas hacerlo, así que ahora sabes que es posible.

Hay 3 problemas principales que confunden a las personas y tienden a causar dependencia de la aprobación social.

Estos problemas son:

1. Decisiones sociales
2. Personalidad falsa
3. Dependencia de los resultados

Por favor, memorice estos problemas y preste atención a la medida en que ha sido culpable de ellos.

Decisiones sociales

Cuando está en una situación social. Hablar con la gente debe ser divertido y relajado.

No debe haber presión para impresionar a alguien con las palabras o los comportamientos correctos. Ya tienes la capacidad de decir exactamente lo correcto. Lo correcto es lo que quieras que sea. Solo necesitas expresarlo.

Para muchos hombres, hablar con una mujer atractiva es mucho más complicado de lo que realmente debería ser. A menudo tratan sus primeras palabras como una especie de código que, con suerte, desactivará una bomba. El problema es que están asumiendo que hay una bomba. Pero en realidad, no hay nada de qué preocuparse. Les preocupa si deben felicitarla, hacerle una pregunta, o burlarse de ella.

. . .

Agonizan en las líneas exactas que creen que deberían decir.

Preocuparse por decisiones como esta simplemente los cansa.

Y cuando finalmente encuentran el coraje para acercarse a ella, esta preocupación afecta su primera impresión. No necesitas líneas para impresionar a la gente. ¡Las personas más impresionantes son las que expresan naturalmente lo que tienen en mente porque no necesitan líneas!

Puede ser cualquier situación, incluso cómo saluda a sus compañeros de trabajo.
 Sea lo que sea, algunas personas se preocupan por las decisiones que deben tomar.

Esta agonía es innecesaria. Es solo una señal de que te preocupas demasiado por lo que piensan los demás.

Cuando quiera hablar con alguien, simplemente abra la boca y diga lo que salga.

. . .

Si tartamudea a menudo o es algo inarticulado, solo se necesita algo de práctica para hacerlo bien.

Forzar una personalidad falsa

Esto suena mal, pero es posible que ni siquiera se dé cuenta de que lo está haciendo. Durante las conversaciones con alguien cuya opinión valora, puede intentar ser demasiado divertido, atractivo, fresco, ruidoso o feliz.

Estás tratando de controlar la imagen que la gente tiene de ti. Las personas socialmente inteligentes reconocen inmediatamente esta falsedad. Drena tu energía y te encuentras como lo que algunos describirían como esforzarse.

Es posible que reconozca a las personas que utilizan gestos exagerados y buscan atención constantemente. O tal vez un chico vanidoso que piensa que mostrar su reloj caro hará que las chicas le presten atención.

Tratar de manejar lo que otras personas piensan de ti es imposible e infantil.

. . .

Se necesita madurez para deshacerse de esas máscaras que esconden quién eres en realidad. Compartir tu opinión genuina es mucho más atractivo, auténtico y genial que fingir que eres perfecto y feliz todo el tiempo. Forzar una personalidad falsa significa que crees que tu personalidad real no es lo suficientemente buena. Te preocupa que a la gente no le guste tu verdadero yo, así que finges que eres mucho más interesante, positivo o atractivo de lo que realmente eres.

Cuando puede demostrar que no le preocupa lo que la gente piense de usted, instantáneamente aumenta su atractivo e inteligencia social en cualquier situación.

Estar atrapado en tu cabeza y preocuparte por cómo las personas a tu alrededor juzgan tu comportamiento solo te limita. Hace que hable demasiado bajo, evite el contacto visual, tartamudee y muestre otras indicaciones de que está permitiendo que el mundo a su alrededor lo reprima.

Se necesitará algo de práctica, pero cuando se dé cuenta de que está participando en este tipo de comportamiento, recuerde parar inmediatamente.

Algunas personas están solo un poco sofocadas y podrán beneficiarse de esta práctica de inmediato. Al ser consciente de sí mismo y observar el comportamiento, puede darse cuenta de hasta qué punto permite que el mundo lo limite.

. . .

No necesita estar limitado. ¡Puede ser libre!

Dependencia de los resultados

Esto significa, obviamente, que depende de algún resultado de la interacción. Si ha conocido a una persona con la que le gustaría hacer amistad, su resultado deseado puede ser obtener los detalles de contacto con este nuevo amigo y reunirse en algún momento. Si la interacción. no termina así, estarías muy decepcionado.

O quizá es un hombre que habla con una mujer atractiva y espera que salga con usted o algo similar. Todo el tiempo que estás hablando con ella, estás constantemente obsesionado con obtener este resultado. Te preocupa que ella no te dé lo que quieres.

Por supuesto que puede quererlo, pero no lo necesita.

Algunas personas se preocupan demasiado por obtener su resultado. A algunas personas no les importa lo suficiente.

. . .

Si está constantemente preocupado por no obtener el resultado que desea en situaciones sociales, entonces tal vez esté demasiado apegado a él.

Ahora recuerde estos 3 problemas y preste atención cuando los cometa. Ahora sabrá que está consciente. Entonces solo tiene que recordarse a si mismo detener cuánto antes, y luego, cambie su comportamiento.

Con el tiempo, podrás equilibrar la interacción feliz con las personas y no preocuparte por lo que piensen de ti. Podrás tener largas y agradables conversaciones con nuevos amigos sin necesidad de agradarles y seguirte en las redes sociales.

Podrá relajarse y, como dice el cliché, finalmente sea usted mismo.

Aún habrá ocasiones en las que deba ser consciente de cómo su comportamiento afecta a otras personas.

Pero ahora tendrás el poder de elegir si vale la pena estar tan aterrorizado de perder la aprobación social para compartir tu opinión y ser honesto con el mundo que te rodea.

. . .

Siempre que sienta que otras personas de alguna manera lo hacen actuar de manera antinatural o aterradora, puede recordarlo con las simples palabras "¡No me importa un demonio!"

Es posible que haya oído hablar del uso de afirmaciones positivas para convencerse de que tiene confianza, habilidad o carisma. Repitiéndose todos los días: "¡Tengo confianza, tengo confianza, tengo confianza!" Le ayudará a desarrollar algunos hábitos de pensamiento positivo, pero para creerlo genuinamente, ¡tienes que demostrártelo a ti mismo!

Esto significa que cada vez que sienta la tentación de impresionar a alguien u ocultar sus opiniones y acciones más auténticas, primero recuerde: "¡No me importa un comino!" y luego, ¡pruébese a si mismo!

Si vas a una fiesta y crees que necesitas vestirte bien para que la gente se interese en ti, entonces ponte lo más informal que puedas.

Si tiene miedo de admitir sus intereses, demuéstrelo a sí mismo contándolo a alguien. Siéntete orgulloso de quién eres y de lo que te gusta. Como ya hemos visto, las personas auténticas son las más atractivas de todos modos.

. . .

Cuando pueda gritar con éxito: "¡No me importa para nada!" y luego demostrarlo a usted mismo, finalmente puede deshacerse de todos los grilletes que le han estado sujetando y revelar lentamente su auténtico yo.

Y cuando sea auténtico, la gente buscará SU aprobación y se preocupará por lo que USTED piensa.

5

Generando una mentalidad fuerte y asertiva

¿Está teniendo dificultades para decir "no" a los demás? ¿Siente que no puede ofrecer su opinión real sobre los temas porque puede crear conflictos?

¿Te falta el coraje para hablar por ti mismo? Si es así, es posible que sufra de baja autoestima y falta de asertividad. No es raro sentirse así, pero si desea obtener más información sobre cómo expresarse mejor, está en el lugar correcto.

La asertividad es un estilo de comunicación que permite a sus usuarios hablar y defenderse de manera clara y respetuosa. Permite la expresión segura de sus necesidades y sentimientos sin necesidad de pruebas. Ser asertivo significa expresar sus deseos teniendo en cuenta las opiniones, deseos y sentimientos de los demás.

. . .

La asertividad es fundamental para sentirse empoderado en su propia mente, así como en el trabajo y en el hogar, respetando los derechos y opiniones de otras personas. La asertividad no se trata de agradar todo el tiempo, ni de asegurarse de que todos sean felices. Se trata de defender su derecho a ser tratado de manera justa.

La asertividad tiene muchas ventajas. Primero, le permite convertirse en un comunicador más fuerte. Te da confianza y mejora tu autoestima. Además, le ayuda a ganarse el respeto de los demás mientras mejora sus habilidades para tomar decisiones. Más importante aún, la asertividad sirve como una forma de reducir la amargura que siente cuando no se satisfacen sus necesidades y deseos.

Además, cuanto más asertivo se vuelva, mejor podrá afrontar los problemas o conflictos con aplomo y una mente más clara. Le anima a hacer decisiones sin dudar de si mismo. Tendrás más respeto por ti mismo y, a cambio, te ganarás el respeto de los demás. Los sentimientos de ser ignorados o coaccionados serán reemplazados por sentirse comprendidos y en control de sus decisiones.

Asertividad contra agresividad

. . .

Cuando la gente piensa en asertividad, suele pensar en agresividad.

Aunque es común confundir o confundir los dos, son muy diferentes. La delineación se puede resumir con una simple palabra, respeto.

Las personas asertivas respetan las opiniones, los sentimientos, las necesidades y los deseos de los demás. No colocan los deseos de los demás por encima de los suyos. En cambio, encuentran métodos para evitar infringir los derechos de las personas al mismo tiempo que hacen valer sus propios derechos y buscan un compromiso. Es posible comunicar sus sentimientos sin que alguien sienta que debe ceder ante usted.

La agresividad, en cambio, carece de respeto. Las personas agresivas no muestran respeto por los demás. Son rápidos para gritar o amenazar a las personas e invaden su espacio personal. Estos individuos están tan preocupados por expresar sus opiniones que harán una escena para ser escuchados.

El comportamiento agresivo se caracteriza por una total indiferencia por las necesidades, deseos, sentimientos o incluso la seguridad personal de los demás. Las personas que se comportan de esta manera tienden a defenderse rápidamente, incluso si eso significa pisar a los demás.

. . .

Suele ser un comportamiento enojado y exigente donde se levantan las voces y donde el sarcasmo puede volverse amenazante o violento. Los conflictos con personas agresivas se convierten en luchas de gritos que pueden derivar en violencia física.

La agresividad excesiva y la autopromoción parecen desenfrenadas en los medios y la sociedad de hoy. Las personas se comunican agresivamente todos los días mientras ignoran los sentimientos y derechos de los demás. Las peleas ocurren a diario en los programas de entrevistas, y la persona más desagradable y agresiva a menudo obtiene la mayor cantidad de tiempo al aire en la televisión. La manipulación maestra se ha convertido en una forma de alto arte, chupando la vida de interacciones significativas y respetuosas.

Por el contrario, la asertividad conlleva una tranquila dignidad. No es agresivo como la comunicación agresiva. Se trata de encontrar el equilibrio perfecto entre decir no a los demás mientras le dicen que sí. Las personas asertivas tienen la madurez y el autocontrol para saber lo que quieren y cómo conseguirlo sin infringir los derechos de los demás.

. . .

No es probable que ser agresivo te haga ganar muchos amigos y, en última instancia, es posible que no consiga lo que quieres.

Ser asertivo, por otro lado, te permite establecer límites para expresar honestamente cómo quieres que te traten. El equilibrio entre la confianza en uno mismo y encontrar una voz para expresar claramente sus necesidades y deseos puede ser reconfortante, tanto para usted como para los demás.

Asertividad contra pasividad

En el extremo opuesto del espectro está la pasividad. La comunicación pasiva asume que otros entiendan lo que quiere o necesita, incluso si no especifica esas necesidades.

El silencio y la suposición son las señas de identidad de este estilo.

La diferencia clave aquí es nuevamente el respeto. La agresividad se define por la falta de respeto por los demás, mientras que la pasividad se define por la falta de respeto por uno mismo. Las personas pasivas ignoran sus propias opiniones, sentimientos, necesidades y deseos. Tienen la costumbre de colocar sus deseos por debajo de los demás.

. . .

Las personas asertivas nunca pierden de vista la idea del respeto propio.

Se respetan a sí mismos y usan sus palabras y acciones para expresar los límites de lo que necesitan y quieren con una voz tranquila y clara, mientras mantienen una postura que transmite confianza y compostura.

Al igual que con la agresividad, tampoco es probable que la pasividad te gane muchos amigos. Peor aún, es incluso menos probable que obtenga lo que desea. La pasividad le quita el poder a una persona que permanece callada o simplemente permite que otros decidan lo que debe suceder.

Las personas asertivas no son sumisas ni agresivamente dominantes. Ellos logran un equilibrio claro de respeto por las opiniones de los demás mientras expresan sus necesidades y deseos de una manera que no se puede malinterpretar. Debido a que este estilo de comunicación se basa en el respeto mutuo, es una forma diplomática de discutir temas que van desde cómo quieres que te traten los demás hasta cómo estás dispuesto a manejar los conflictos.

. . .

El primer paso en la búsqueda del éxito, es dejar de estar cautivo en el medio ambiente en el que te encuentras primero. Busca desarrollar tus habilidades como comunicador asertivo para poner fin a tu cautiverio. Te ayudará a autoevaluarse, reconocer quién eres y qué quieres, luego dar pasos simples pero efectivos para encontrar su voz y poder defender sus deseos y necesidades.

Estará mejor equipado para construir el entorno en el que desea vivir al crear límites de respeto por usted mismo mientras aprecia las necesidades y deseos de los demás.

6

¿Cómo se ve a sí mismo?

Para empezar, es útil comprender primero cómo se ve a sí mismo. Esto significa mirar quién eres, qué crees sobre ti mismo y dónde crees que encajas en la jerarquía social.

Comprender estas cosas es importante porque afectan su capacidad para comunicarse de manera asertiva. Por ejemplo, si se ve a sí mismo bajo una luz negativa, tiende a tener dificultad para defenderse. Es posible que se sienta intimidado cuando le hagan una pregunta directa o por su opinión. Incluso puede que le falte la confianza para mirar a alguien directamente a los ojos cuando le hable. Pedir una aclaración sobre una política en el trabajo puede ser solo un poco menos doloroso que un ataque cardíaco.

Además, con una autopercepción limitante, es posible que se concentre demasiado en los rasgos negativos.

. . .

Pensamientos como "No soy muy bueno manejando conflictos", "No me siento cómodo diciendo que no a alguien con autoridad" o "No sé cómo pedir lo que quiero", pueden repercutir en tu mente cada vez que te enfrentas a una situación en la que necesitas confiar en ti mismo. Tu duda de ti mismo puede hacer que te quedes callado y confuso autoconservación, lo que le impide expresar eficazmente sus necesidades y deseos.

Autoevaluación

Para comprender cómo su percepción lo está afectando, comencemos con una autoevaluación. A continuación, presentamos dos pruebas: una es una prueba y otra es un escenario hipotético.

El cuestionario le dará una mejor comprensión de lo que le sucede internamente, lo que establecerá si tiene o no problemas de asertividad y en qué medida. El escenario evaluará sus habilidades de comunicación, midiendo su capacidad para interactuar con la gente.

. . .

Tómate un tiempo para Reflexione sobre cada pregunta para que pueda responderlas de la manera más veraz posible.

Cuestionario de autoevaluación

1. Comience con su nivel de contacto visual. mirar a la gente a los ojos cuando habla con ellos? Si no puede recordar un solo rasgo facial o el color de sus ojos, es probable que esté mirando a cualquier parte menos a sus ojos.
2. Ahora considere su voz. ¿Te proyectas con claridad? Si a menudo se le pide que hable más alto o que repita lo que ha dicho, probablemente hable en voz baja o balbucee.
3. ¿Habla con confianza?
4. Mire su postura y luego su cuerpo cuando esté sentado. ¿Cómo es tu postura? ¿Se encorva o mira hacia abajo?
5. Mirando internamente, ¿puede hacer preguntas cuando necesita una aclaración?
6. ¿Se siente cómodo con los demás?
7. ¿Puede decir "no" cuando no quiere hacer algo?
8. ¿Puede expresar su enojo o enfado de manera apropiada?
9. ¿Ofrece una opinión sobre un tema cuando no esta de acuerdo con alguien?
10. ¿Se defiende de los errores que no son su culpa?

Después de tomarse un tiempo para responder con sinceridad a cada pregunta, revise sus respuestas. Observe la cantidad de preguntas a las que respondió "no".

Si respondió "no" a 2 o 3 preguntas, es probable que sea una persona segura de sí misma y dependiente. Aunque experimente dificultades aquí y allá, en comparación con la persona promedio, afirmar sus necesidades y deseos no es un desafío. Si de hecho experimenta desafíos, es posible que se deba a su enfoque específico más que a una incapacidad inherente para actuar de manera asertiva. Es posible que se muestre agresivo en lugar de asertivo. Abordaremos las formas correctas de abordar el comportamiento asertivo.

Si respondió "no" a 4 o 6 preguntas, es muy probable que se vea a sí mismo bajo una luz negativa. Como resultado, experimenta más dificultades que la persona promedio para comunicar sus necesidades y deseos. Si bien puede afirmarse a sí mismo en ocasiones, es una prueba de voluntad para usted. A menudo, adivinas tu decisión de actuar y repites numerosos escenarios hipotéticos antes de actuar.

Si respondió "no" a 7 o más preguntas, tiene una dificultad significativa en esta área. No solo duda de que es digno de respeto, sino que probablemente se ve más bajo que los demás en el tótem social. A pesar de que anhela defenderse, nunca lo hace. Siempre retrocede, llega con razones o excusas de por qué dar marcha atrás fue la elección racional.

Cuando carece de asertividad, no vive la vida en sus propios términos.
En cambio, dejas que otros se aprovechen de ti y dirijan tu vida. Los adultos no asertivos no saben cómo decir "no", lo que sobrecarga sus horarios y su bienestar mental.

puede abordarlo así: "Hola Julie, me vendrían bien unas vacaciones porque siento que necesito un poco de mimo.

Me encantaría ir a algún lugar tropical en la primavera y disfrutar de la playa y caminar contigo. interesado? ¿Podría consultar su horario para ver si estaría disponible? " Este diálogo es respetuoso, pero lleno de información sobre sus deseos (vacaciones, tiempo en la playa y senderismo) y necesidades (la época del año en que está disponible y su necesidad de sentirse mimado).

Escenario de autoevaluación

Veamos otra autoevaluación. Digamos que realmente quiere ir de viaje. No quiere ir solo, así que estás pensando en invitar a tu amiga. ¿Cómo te acercarías a preguntarle?

. . .

La persona asertiva presentará la idea con claridad y respeto por su amigo.

La persona demasiado agresiva podría decir esto: "Amiga, reservo mis vacaciones para la playa la semana que viene.

Quiero que vayas, pero tendrás que avisarme de inmediato si puedes venir. Ya elegí un hotel junto a la playa durante la segunda semana de mayo. Deberás pagarme tu la mitad por adelantado y reserve su propio boleto de avión. Ninguno de estos diálogos pondría a su amiga en un estado de ánimo de vacaciones. Probablemente se sentiría más como una rehén en esta escapada, ya que todas las decisiones han sido tomadas de sus manos.

Una persona pasiva podría abordar la misma situación de esta manera: "Amiga, he estado pensando en unas vacaciones. No sé si querrás ir, pero supongo que la playa estaría bien. Avísame si puedes ir." Esta conversación probablemente haría que su amistad se sintiera como si fuera la última persona en la Tierra que desea en sus vacaciones.

Tampoco es probable que sepa dónde o cuándo ir. Probablemente se quedará con la sensación de que ahora depende de ella planificar sus vacaciones juntos, y usted simplemente estará de viaje.

Una vez más, ¿cuál sería su enfoque normal para la situación? ¿Sería el de una persona pasiva o sería el de una persona demasiado agresiva?

Si no se considera digno del tiempo de las personas, es probable que no lo escuchen cuando hable. Si se ve a sí mismo como mejor que otra persona, es probable que descarte sus opiniones y empuje su agenda por encima de la de ellos.

El comportamiento asertivo nunca pierde de vista el respeto por los demás. Permite un equilibrio entre la expresión de sus necesidades y el respeto de las necesidades de los demás.

Si realmente quieres esas vacaciones con su amiga, la mejor manera de conseguirlas es establecer límites sobre lo que quieres y respetar sus deseos también. Además, si ella es realmente tu amiga, querrás honestidad entre ustedes dos. Aunque pueda parecer demasiado simplista, la regla de oro de "Trata a los demás cómo te gustaría ser tratado" es una manera perfecta de abordar la comunicación asertiva.

A partir del cuestionario y el escenario anteriores, determine dónde se encuentra en lo que respecta a cómo se percibe a sí mismo. ¿Te ves a ti mismo con poca estima? ¿Eres demasiado pasivo? ¿Espera que otros tomen decisiones por usted? ¿Tiene agujeros en sus límites que la gente explota?

Si es así, primero tienes que cambiar tu percepción de ti mismo. Necesitas cambiarlo de débil a fuerte.

Para ser un comunicador asertivo, debe pararse sobre una base sólida de sí mismo y tener la opinión de que es una persona digna de respeto. Si no tiene una base sólida sobre la que pararse, la comunicación asertiva no funcionará para usted.

Construyendo una base sólida

Examinamos dos formas de desarrollar una autopercepción saludable. Empezamos por establecer sus derechos. Luego, te ayudamos a mejorar tus creencias sobre quién eres y el valor que aportas. Juntos, estos dos te harán sentir más seguro sobre quién eres y tus derechos como persona. Le brindarán el apoyo positivo que necesita para facilitar el proceso asertivo.

7

¿Cómo te ven los demás?

En este capítulo, analizaremos cómo la percepción que la gente tiene de usted afecta su capacidad para comunicarse. También discutiremos las acciones que puede tomar para mejorar la forma en que los demás lo perciben para que respondan positivamente a su comunicación asertiva.

La percepción que la gente tiene de ti tiene un efecto profundo en cómo te tratarán. Si la gente te ve como una persona débil, te tratarán mal. No te darán el respeto que crees que mereces o que deseas. De hecho, algunas personas pueden incluso aprovecharse de usted simplemente porque piensan que pueden salirse con la suya.

Por el contrario, si la gente te ve como una persona fuerte, la mayoría de las veces, te tratarán como alguien digno de respeto y te mostrarán ese respeto.

. . .

No intentarán aprovecharse de ti. A veces, incluso harán todo lo posible para complacerte y asegurarse de que están en tu lado bueno.

Entonces, ¿cómo sabe alguien que te percibe como una persona fuerte o débil? ¿Cómo puede alguien saber si eres digno de respeto o no? La respuesta es simple. Lo determinan a través de su lenguaje corporal.

El lenguaje corporal es una forma de comunicación no verbal que utiliza la postura, los gestos, el movimiento de los ojos y otras expresiones faciales. Son señales que enviamos inconscientemente para que las personas sean capaces de leer. La palabra clave aquí es que la comunicación no es verbal. El lenguaje corporal no requiere que digas nada; la comunicación se hace enteramente por su apariencia física y / o comportamiento.

Por ejemplo, cuando alguien está enojado, puede darse cuenta fácilmente. Cuando alguien está triste, lo sabes. Estas personas no tienen que salir y decir que están enojadas o tristes; se puede ver en su expresión y comportamiento. Lo mismo puede decirse de tu autoestima. A través del lenguaje corporal, las personas pueden emitir juicios rápidos e instantáneos sobre quién eres y tu nivel de respeto por ti mismo.

. . .

Es asombroso cuánta influencia tiene el lenguaje corporal en el juicio de las personas. Si te acercas y hablas con alguien usando una forma de lenguaje corporal, te juzgarán de cierta manera. Si te acercas a la misma persona, pero tu lenguaje corporal es diferente, la percepción que forman será completamente diferente. Es el mismo individuo, pero la percepción cambia. Hasta cierto punto, no importa cuántos años tenga, qué aspecto tenga o cuánto tenga en su cuenta bancaria.

Tu lenguaje corporal determina cómo te verán las personas y, en consecuencia, cómo te tratarán.

Por ejemplo, si te acercas a alguien encorvado o encorvado los hombros, salvo una razón física, dejarás la impresión de que, literalmente, sientes el peso del mundo sobre ti. Esto hará que la otra parte se sienta incómoda y no quiera hablar contigo o se aproveche de ti. Si miras hacia abajo, dará la impresión de que eres deshonesto, lo que hará que te traten como si tuvieras algo que ocultar. Si actúas inseguro y tímido, la gente te rechazará y pensará que no tienes el mérito de que te tomen en serio.

A menudo, esto se hace inconscientemente, y quienes te responden no se dan cuenta que están respondiendo de manera diferente. La persona con la que estás interactuando simplemente reaccionará en función de lo que proyecta tu lenguaje corporal.

Nuevamente, si proyecta debilidad, su respuesta estará de acuerdo con eso. Si proyecta confianza, su resultado será completamente diferente.

La conclusión es la siguiente: la gente te trata con base. sobre cómo te perciben, y su percepción se forma a través del lenguaje corporal. Por lo tanto, para comunicarse de manera asertiva, es necesario presentar un lenguaje corporal que proyecte fuerza y estima, tanto con su voz como con su comportamiento físico. Al hacerlo, le dice a la gente: "Esto es lo que soy. Soy digno de su respeto. Tengo opiniones valiosas".

Desarrollar el lenguaje corporal

A continuación, trabajaremos para ayudarlo a desarrollar un lenguaje corporal asertivo. Los derechos a la asertividad y al diálogo interno del capítulo anterior le ayudaron a ser más asertivo internamente. Los siguientes ejercicios funcionarán de la misma manera, pero para ayudarlo a ser más asertivo externamente.

. . .

Cuando te presentas como físicamente seguro, atraes la atención de los demás. Esto hace que sea más fácil lograr su objetivo porque su presencia dice: "Tengo algo importante que decir. Preste atención, por favor".

Recorrer el camino

Como se mencionó, el lenguaje corporal incluye tanto su comportamiento físico como su voz. En esta sección funcionará en su comportamiento físico. Discutiremos cómo pararse, gesticular, mirar y sonreír cuando nos comunicamos. Comenzamos la discusión con tus ojos.

Ojos

A los ojos a menudo se les llama las "ventanas del alma", y con razón. Cuando alguien te mira a los ojos, a menudo puede detectar incluso las emociones más sutiles. ¿Devuelve el contacto visual de los demás o aparta la mirada con frecuencia? Si no puede mantener el contacto visual, es probable que su interlocutor sienta que no está interesado en lo que está diciendo. Peor aún, la persona puede desconfiar de ti porque da la impresión de que tienes algo que esconder.

. . .

Dado que la asertividad ayuda a establecer la confianza y el respeto mutuo, es fundamental mantener un contacto visual adecuado. Les dice a otras personas que tienes un fuerte sentido de ti mismo y que eres digno de respeto. El contacto visual fuerte no implica que los mires intensamente o durante largos períodos de tiempo.

Se trata de establecer una conexión a través de sus ojos que les diga respetuosamente que usted quiere decir lo que está diciendo y que comprende lo que están diciendo.

Para desarrollar su capacidad de mantener el contacto visual, practique frente al espejo. Cuando te mires en el espejo, busca tus pupilas y observa el color de tus ojos. Esta será una buena manera en el futuro de ayudarlo a mirar a los demás. Recuerda que quieres saber el color de sus ojos - si está lo suficientemente cerca para verlo – no exagera demasiado al abrir bien los ojos, lo que indica que estás sorprendido o que crees que la otra persona no está diciendo la verdad.

En el extremo opuesto, tampoco entrecierre demasiado los ojos. En cambio, relaje los ojos y mantenga un comportamiento natural. Esto te ayudará a mantener una mirada más suave que entrecerrar o agrandar los ojos, lo que transmite que eres sospechoso o agresivo.

. . .

Ahora, practique presentándose mientras mantiene el contacto visual. Pon tu mano en el espejo como si estuvieras a punto de dar un apretón de manos y di: "Hola, mi nombre es _____ ¿Cómo estás?" Mantén el contacto visual durante un par de segundos mientras responden.

Este ejercicio le ayudará a sentirse más cómodo al hacer contacto visual con los demás. Al principio esto puede sentirse incómodo, pero cuanto más practique, más cómodo se sentirá. Cuanto más cómodo se sienta frente al espejo, más cómodo se sentirá al actuar frente a una persona real.

Sonrisa

Su sonrisa puede ser o no tu característica favorita, pero puede convertirse en la cosa favorita de otra persona de ti si es genuina. Recuerda que la comunicación asertiva es respetuosa. Una sonrisa honesta y genuina que no parece forzada transmite que respetas a la otra persona y, a cambio, ayuda a que la otra persona te respete. Este no es el momento de dar una gran sonrisa con dientes o una sonrisa tensa. Su honestidad se mostrará y tal vez incluso hará que los demás se sientan cómodos. Cuando te afirmas con confianza, su sonrisa lo refleja. Diga: "Me alegro mucho de conocerte", y dígalo en serio mientras lo mira a los ojos. Entonces sonría.

. . .

Espalda

Los hombros que están hacia atrás y relajados abren tu pecho y proyectan la imagen de que estás seguro y abierto a los demás. Es fácil mejorar sus hombros con un simple encogimiento de hombros y rodar.

Para hacer esto, levante ambos hombros lo más alto que pueda con los brazos a los lados. Enróllalas hacia atrás y déjalas caer naturalmente mientras te relajas. Tomar una respiración profunda.

Observe que su pecho está más abierto y su cuello y hombros menos tensos. También acaba de abrir físicamente su comportamiento, diciéndoles a los demás que es receptivo a la conversación y que se siente cómodo con usted mismo. Relajar los hombros y pararse erguido hará más que cambiar su apariencia; literalmente, respirará mejor.

Postura

La forma en que se para o se sienta puede dar una impresión general de confianza física. Estar erguido con la cabeza en alto proyecta una imagen de asertividad. Lo mismo ocurre con sentarse. Sentarse erguido y erguido en una silla con los pies en el suelo le da un porte más fuerte y le permite concentrarse en su conversación.

Párese o siéntese con los pies ligeramente separados y mirando hacia adelante. Esto te ayudará a sentirte como si estuvieras literalmente en tierra firme mientras expresas tus necesidades y deseos.

Manos

Un buen ejercicio es fingir que tiene una corona en la cabeza. Coloca una corona invisible encima. Allí. ¿Notas que estás parado un poco más erguido o sentado un poco más alto? No podría sostener la corona si estuviera mirando hacia abajo con una mala postura. Practica caminar mientras mantienes tu corona imaginaria en la parte superior. Sin duda, podría practicar con un trozo de papel o, para un efecto aún mayor, con una corona de papel.

Las manos pueden ser herramientas maravillosas para expresarse. Las personas que son comunicadores asertivos pueden hacer gestos de forma cómoda y ocasional. Los comunicadores pasivos pueden meterse las manos en los bolsillos o taparse la boca con ellos, incluso mientras hablan.

. . .

Los comunicadores agresivos pueden señalar a otros o hacer gestos grandiosamente. Es mejor relajar las manos a los lados. A veces, es posible que deba señalar un hecho en un papel o pizarra, pero nunca debe señalar directamente a alguien para comunicarse de manera asertiva.

Si tiene problemas para saber qué hacer con las manos cuando se reafirma, sostenga una hoja de papel o un bolígrafo.

Este simple accesorio puede brindarle un elemento sólido para calmarse mientras le permite concentrarse en su comportamiento físico y sus palabras. La única regla es sostener en silencio cualquier accesorio que tenga en sus manos. No querrás distraer a la persona con la que estás hablando.

Estas son las cosas importantes a considerar en lo que respecta al lenguaje corporal. Los ejercicios mencionados anteriormente se pueden realizar de forma rápida y privada en casi cualquier lugar.

Considere estos pasos como un recordatorio físico para ser más asertivo de la cabeza a los pies. Practíquelos antes de salir por la puerta por la mañana. Tómate un descanso antes de la gran reunión en el trabajo y reinicia tu cuerpo físicamente. Cuando salga con confianza, estará listo cuando surjan oportunidades para la asertividad.

Ahora, pasemos ahora a tu voz.

Predicar con el ejemplo

Para empezar, considere lo que los demás escuchan cuando habla. No solo las palabras que dice, sino cómo las dice.

Si su voz es difícil de escuchar, esto obliga a los demás a trabajar más duro para comprenderlo, lo cual no es un uso respetuoso de su tiempo. Nadie quiere que grites, pero debes poder hablar en un tono normal, incluso si el sujeto no te resulta cómodo. Si apresura las palabras o murmura, esto expresa aún más tu nerviosismo. Si respira profundamente y disminuye la velocidad mientras pronuncia, tendrá un efecto calmante en su mente y en su patrón de habla. La comunicación asertiva irradia autocontrol y expresa las palabras de una manera relajada y respetuosa.

Ahora considere su diálogo. Si se trata de palabras completas como "uhhh" o "ya sabes", parecerá que no está hablando con confianza o con mucho conocimiento del tema. La comunicación asertiva no usa palabras de relleno;

utiliza un lenguaje directo pero simple, como "siento" o "quiero". El uso de oraciones más cortas comunica sus deseos de manera más sucinta sin ceder a la sensación de que debe explicar cada una de sus posturas.

También es importante considerar su tono. La comunicación pasiva puede ser quejica y transmite incertidumbre o necesidad. La comunicación agresiva puede ser brusca o brusca, y transmite molestia o enojo. La comunicación asertiva es neutral. No está preguntando por permiso, ni está mandando con tu tono. Si está tratando de transmitir su punto de vista, nuevamente, piense en cómo preferiría que alguien le diga lo que quiere.

Es probable que prefieras un intercambio respetuoso como este: "Aprecio que estés trabajando en otro proyecto en este momento. Me vendría bien tu ayuda en esta pregunta.

¿Podríamos programar 30 minutos esta tarde para discutirlo?"

Ahora echemos un vistazo al lenguaje: las palabras específicas que le ayudarán a articular qué es exactamente lo que desea. Hay cuatro técnicas diferentes para emplear la asertividad verbal. Estas declaraciones, sugeridas por la Universidad de Texas, pueden brindarle estrategias específicas para usar sus palabras para tomar una postura.

1. Afirmación básica

Las afirmaciones básicas son declaraciones claras y directas de sus deseos, necesidades o creencias. Dices frases como "Quiero salir a cenar esta noche" o "Necesito atender este asunto, ¿puedo devolverte la llamada?". Es la forma más directa de afirmarse.

Un buen lugar para utilizar una afirmación básica podría ser en respuesta a la pregunta de un cónyuge: "¿Qué hay para cenar esta noche?" Podrías responder con "Me gustaría ir a probar ese nuevo restaurante chino". El teléfono es otro lugar para usar esto también.

Si alguien te llama en medio de una comida, tienes todo el derecho a ignorar la llamada. Sin embargo, si eliges responder, puedes simplemente decir: "Me alegra saber de ti, pero estoy cenando ahora mismo. ¿Puedo llamarte en media hora?"

Esto es respetuoso, pero en términos básicos, explica que primero está satisfaciendo sus propias necesidades.

2. Empatía.

La empatía comienza expresando comprensión por la otra persona. Primero, reconoce los sentimientos o la situación de la otra persona. Luego, hace una declaración que afirma sus derechos, por ejemplo, "Me doy cuenta de que está ocupado, pero quiero que tengamos éxito en este proyecto. Necesito reunirme con usted hoy".

La primera declaración da total credibilidad a la difícil situación de la otra persona. La segunda afirmación explica por qué necesita su atención. La tercera declaración proporciona detalles sobre lo que espera que suceda.

Puede usar esta técnica para iniciar una conversación que se dé cuenta de que puede ser conflictiva. O usted puede utilizarlo si no se siente cómodo comenzando con una afirmación básica.

3. Escalar.

Escalar significa que te vuelves cada vez más firme sin perder la calma y el control. Quizás la otra persona no respondió a su afirmación y continúa ignorando sus necesidades. En este punto, escalas la conversación. Expresa que tiene opciones y explica que, si no satisfacen sus necesidades, las utilizará.

. . .

Querrá utilizar este tipo de afirmación con cuidado. Úselo cuando sienta que ha agotado todos los demás métodos.

Como mínimo, debería emplearse cuando fallan la aserción básica y la empatía. También, cuando escale, recuerde escalar solo la conversación, no su tono o estado de ánimo.

Quiere evitar enojarse o volverse agresivo.

4. Soy yo o yo.

Este puede ser el método asertivo más efectivo para lidiar con situaciones negativas. Primero, identifica lo que ha hecho la otra persona y luego explica cuál es el problema. Por último, indica qué es lo que quiere o necesita que suceda para resolver la situación. Por ejemplo, "Alfonso, cuando me llamas gorda, me hace sentir que no me quieres.

Si vas a tener una relación conmigo, quiero que uses palabras respetuosas". Las tres partes de este método le permiten concentrarse en sus necesidades y los resultados que desea, en lugar de en los sentimientos negativos.

También puede utilizar declaraciones "yo" y "mí" para evitar acusaciones o etiquetas. Si alguien se comporta de manera grosera, en lugar de decirle "Eres grosero", puedes decir "Siento que estás siendo grosero". O si desea abordar la falta de atención de una persona, en lugar de decir "No escuchas", puedes responder con "Para mí, parece que no escuchas". Al decir "lo siento" o "a mí" no estás acusando a la persona, simplemente estás diciendo que eso es lo que te parece. Esto abre mejor la conversación sin que la otra persona se sienta atacada.

El uso de declaraciones simples de "yo" o "yo" puede ayudarlo a mantener el control de su lado de la conversación, y puede emplearlo casi en cualquier momento en que sienta que la otra persona no comprende su significado.

Estos son los métodos de comunicación verbal buena y eficaz. Deben funcionar en casi cualquier situación en la que se encuentre, desde entornos comerciales hasta su vida personal. La clave es mantener la calma y el control de sus emociones y presencia física mientras se concentra en ser claro y conciso con sus palabras.

Práctica

Antes de lanzarse a las técnicas de voz y comportamiento físico anteriores en su vida diaria, es importante practicarlas primero. La práctica puede tener un efecto dramático en su desempeño asertivo. Puede marcar la diferencia entre lo bueno y lo grandioso.

Una forma fácil de practicar la asertividad es contigo mismo. Puede usar el espejo para practicar otros aspectos de tu lenguaje corporal. Puede practicar su sonrisa, postura y gestos. También puede practicar la palabra y el tono de su conversación. Para ir un paso más allá, incluso puedes ensayar posibles escenarios, fingiendo que tu reflejo en el espejo es la persona con la que quieres comunicarte. Esto le ayudará a adoptar el nuevo comportamiento asertivo más rápidamente.

Otra forma de practicar es pedirles a sus amigos o familiares que representen situaciones específicas en las que quiera ser asertivo. Por ejemplo, si desea aprender a ser más asertivo con su jefe, pídale a su amigo que finja ser su jefe mientras usa el lenguaje asertivo para explicar por qué no será posible trabajar horas extras este fin de semana. Luego, invierta los roles. Imagínese siendo asertivo desde el punto de vista del jefe. ¿Qué conocimiento obtiene al estar en su lugar y cómo puede cambiar su enfoque para ser firme y claro, pero respetuoso en su resolución?

Después del ejercicio, pregúntele a su amigo cómo se desempeñó. Obtendrá información valiosa desde una perspectiva en tercera persona. Mientras escucha los comentarios de su amigo, hágalo de manera asertiva. Esto significa mirarlos a los ojos y reconocer sus comentarios. Haga preguntas aclaratorias. Tome notas si lo desea, pero no mantenga sus ojos en el papel, mantenga el contacto visual.

¡Finalmente, actúe! No posponga las cosas sobre esta nueva habilidad importante que está desarrollando. Es como un músculo: cuanto más lo uses, más fuerte y mejor definido será. Conozca mejor sus verdaderas necesidades y deseos y luego actúe de manera asertiva para asegurarse de que todos los demás también las conozcan. Levanta la mano en clase, pide ayuda en el trabajo, mira a tus amigos a los ojos y diles cuánto aprecias su apoyo.

Todo lo que ha aprendido hasta este punto son los fundamentos de una buena comunicación asertiva. Para resumir, comience con respeto. No querrás parecer demasiado agresivo o demasiado pasivo. A continuación, desarrolle una autopercepción saludable. Si le falta autoestima, hará un tremendo esfuerzo vendiendo su asertividad. Además, mantenga un lenguaje corporal y un tono de voz seguros.

Las personas te responden positivamente si te perciben de manera positiva.

Una percepción positiva se comunica a través de un lenguaje corporal positivo. Estas son las claves de una comunicación asertiva y eficaz.

. . .

Como cualquier forma de comunicación, la asertividad depende mucho del contexto. Es decir, la forma en que aborda una interacción variará dependiendo de dónde se encuentre en el trabajo, en casa o en un restaurante, y con quién esté hablando con un jefe, un compañero de trabajo o un niño. No desea interactuar con su jefe de la misma manera que lo haría con un niño, y no desea interactuar con un niño de la misma manera que lo haría con un mesero en un restaurante. Los diferentes contextos requieren un enfoque diferente.

Dadas las intrincadas y amplias variaciones en el contexto, en los capítulos siguientes analizaremos situaciones asertivas comunes en las que puede encontrarse. Presentaremos ejemplos e instrucciones detalladas sobre la mejor manera de actuar y reaccionar en estas situaciones. Esto te dará una mejor comprensión sobre la asertividad. Verá mejor cómo funciona la asertividad y dónde se encuentran los puntos en común y las diferencias. Es posible que no todos los escenarios se apliquen a usted; no obstante, revíselos. Juntos, pintan una imagen clara y completa de cómo actúa una persona asertiva, y ayudan a emanar seguridad en sí mismo.

8

Ponga su plan en práctica en sus relaciones personales

Ah, hogar dulce hogar. El hogar debe ser un lugar lleno de comodidades donde puedas sentirte amado solo por ser tú mismo. Desafortunadamente, para muchas personas que carecen de asertividad, sus relaciones en el hogar son solo otra palabra para "campo de batalla". Si carece de los límites para ser escuchado y respetado en casa, lo hará sentir que siempre está comprometiendo sus deseos y necesidades para mantener la paz en sus relaciones.

Esto es realmente lamentable, ya que hay suficientes luchas con personas en el mundo exterior. Si desea que sus relaciones sean un refugio, un respiro seguro de la tormenta, es importante que se imponga ante las personas cercanas. Ya sea su pareja o cónyuge, hijo o padre, tener límites para usted y respetar a los demás en su hogar puede crear ese espacio blando tan necesario en el que aterrizar al final de un largo día.

Su corazón, su reflejo

Comenzaremos la discusión de las relaciones con otras personas importantes. Se ha dicho que "siempre herimos a los que más amamos". Cuando alguien lo ama, existe una regla no escrita y no dicha de que esa persona estará ahí para usted y se ocupará de sus necesidades. Cuando sus necesidades no se satisfacen, es doloroso. Incluso aunque tengan sentimientos por usted, su amor crea dolor.

Muchas veces este dolor es el resultado de una falta de comunicación.

La falta de comunicación causa dolor cuando la pareja no expresa sus necesidades y deseos con claridad y respeto. Su pareja puede sentir que está haciendo todo lo correcto para ser un buen cónyuge, pero si nunca le comunica lo que hizo mal o lo que debería estar haciendo bien, esa persona nunca lo sabrá. La comunicación asertiva y respetuosa previene las situaciones dolorosas causadas por la falta de comunicación y asegura que cada persona tenga la oportunidad de ser escuchado, y lo que es más importante, satisfacer sus necesidades.

Le enseña a su pareja cómo tratarlo, y aquí le explicamos cómo usar la comunicación asertiva para enseñarle a esa pareja a tratarlo con amor y respeto.

1. Recupere el poder.

En un momento de su relación, tomó la decisión de compartir una casa con esta persona. Si siente que no puede estar cómodo allí, puede repetir lo siguiente: "Nadie tiene derecho a hacerme sentir incómodo en mi propia casa". Allí. Acaba de establecer (o restablecer) el primer paradigma básico por sí mismo.

2. Determine lo que quiere.

Averigüe qué cambios desea en la relación. Si no sabe lo que busca, ¿cómo va a saber su pareja? Si no está expresando claramente sus necesidades y deseos de una manera tranquila y asertiva - y preferiblemente no en medio de una discusión - entonces parte del dilema proviene de usted. Determina qué es lo que anhelas de esta persona para poder comunicarlo claramente.

3. Comunique su deseo.

Utilizando las estrategias de asertividad física y verbal discutidas anteriormente, encuentre tiempo para discutir su relación con su pareja con calma. Este no tiene por qué ser un momento demasiado dramático de "Tenemos que hablar". Simplemente reserve algo de tiempo para decir: "Quiero que nuestra vida juntos continúe y mejore". Luego explique lo que quiere usando declaraciones "yo" o "mí". Esté dispuesto a escuchar de manera verdadera y activa las respuestas y necesidades de su pareja también.

Poder comunicar tus deseos ayudará a tu pareja a apreciar tu posición en la relación.

4. Continúe siendo cariñoso.

Afirmarse con su cónyuge no le da una excusa para volverse menos generoso o cariñoso. Establecer límites con su pareja significa abrir su corazón para que pueda proyectar y reflejar mejor el amor. Es vital para el crecimiento de su relación.

De hecho, parte de los límites que debes establecer deben incluir apartar un tiempo específico para pasarlo sin presiones con la persona que amas. Las citas nocturnas no tienen por qué ser cenas elegantes. Podría ser una noche tranquila en casa o un relajante paseo juntos. Dese cuenta de que necesita proteger su tiempo juntos y establezca ese límite para ayudar a que su relación prospere.

. . .

Ahora que tiene una serie de estrategias que le ayudarán a comunicarse con su pareja, veamos algunos escenarios que le mostrarán cómo utilizar esta información.

Escenario #1

Problema: Parece que lucha todo el tiempo por las tareas del hogar.

Sugerencia: Siéntense juntos y hagan una lista de todas las tareas que requieren atención. A menudo nos consumimos tanto con lo que hacemos por la otra persona que nos olvidamos de las cosas que la otra persona hace por nosotros.

Por ejemplo, puede pensar que es el único que limpia y mantiene la casa. Sin embargo, puede pasar por alto todo el trabajo que su cónyuge puede estar haciendo para mantener el jardín, el camino de entrada y el garaje, así como para ocuparse de las reparaciones importantes cuando las cosas van mal. Escribir la lista les da a ambos una idea clara de cuánto contribuye cada persona a las tareas generales.

Después de crear la lista, determine si las responsabilidades están desequilibradas. Es posible que descubra que su cónyuge está, de hecho, muy involucrado en muchas de las actividades del día a día. En ese caso, es posible que se dé cuenta de que debe ser la persona que le da la mano. En el extremo opuesto, la lista puede confirmar que las tareas del hogar están torcidas en su contra, mientras que su pareja hace poco. En este caso, discuta cómo los dos separarán las tareas de manera más uniforme. Discuta qué tareas está dispuesto a hacer y qué tareas espera que haga su pareja.

Más importante aún, discuta qué tareas pueden hacer juntos o turnarse para hacer.

Esta es una oportunidad para el diálogo abierto y el compromiso.

No es el momento para que aceptes a regañadientes la mayor parte del trabajo solo para mantener la paz. Puede utilizar declaraciones de "yo" y "mí" o abordar esto con empatía. Por ejemplo, podría comenzar con: "Sé que no es muy divertido hacer las tareas del hogar, pero hay que hacerlas. Alguien tiene que hacerlas, y ese alguien somos nosotros. Estoy dispuesto a compartir esta carga con usted mientras Necesito trabajar en equipo ".

Una vez que los deberes estén separados, responsabilícese mutuamente por hacer el trabajo. Asegúrese de que su pareja cumpla con su parte del trato. Más importante aún, asegúrese de mantener su parte también. De lo contrario, parecerá hipócrita, lo que hará que su pareja desconfíe de usted.

Escenario #2

Problema: Siente que su pareja no lo escucha.

Sugerencia: Comience por evaluar cómo conversa con su pareja. Cuando hablas con tu pareja, ¿cómo hablas? ¿Siempre te quejas, te quejas y te quejas?

¿Eres constantemente duro, vulgar y alborotador? Si está haciendo cualquiera de las dos cosas, está causando sus propios problemas. Hablar con la gente en un tono quejumbroso o áspero es agotador. Como se mencionó en el último capítulo, el tono incorrecto hace que la otra parte deje de prestar atención. Él o ella, puede que ni siquiera se dé cuenta de que están haciendo esto, simplemente comienzan a desconectarse.

Si este es su modo normal de comunicación con su pareja, puede ser la razón por la que su pareja no escucha. Él o ella no puede evitar desconectarte. Para evitar que su pareja se resista a sus esfuerzos por comunicarse, no sea demasiado duro o ruidoso. Más importante aún, no permita que este sea su método básico de comunicación con su pareja. En cambio, hable con su pareja como si ambos fueran adultos.

. . .

La persona no es su padre con quien corre con todos sus problemas, y tampoco es un niño malcriado que requiere una reprimenda. Esta persona es tu pareja con quien compartes tus experiencias.

Quizás la razón por la que empezaste a quejarte o sonar duro en primer lugar es porque tu pareja nunca te escucha. Es decir, el problema no es de hecho contigo, sino con tu pareja. Si el problema proviene de su pareja, este es el momento de utilizar la comunicación asertiva. Cuando se enfrenten a su pareja, mírense el uno al otro. Se firme.

No se acerque a su pareja lloriqueando o llorando por cómo se siente. Tampoco exijas la atención de tu pareja.

Utilice las técnicas de lenguaje específicas y afirme con calma: "Cuando no me prestas atención, me siento invisible.

Tengo algo importante que discutir contigo. Apaga la televisión para que podamos discutirlo".

Además, tenga en cuenta las necesidades de su pareja.

. . .

Comprende de dónde viene tu pareja. Tu pareja puede estar preocupada por el trabajo o tener otras cosas en mente que están creando la distracción. Si su pareja está preocupada por el trabajo o estresada por un evento próximo, sea consciente de esto. Es posible que primero necesite que lo escuchen antes de enfocarse en usted. Recuerde, la comunicación asertiva también se trata de la perspectiva de la otra persona.

Escenario #3

Problema: No está satisfecho con su vida sexual.

Sugerencia: El sexo es vital para cualquier relación. De hecho, muchos expertos coinciden en que el sexo es el pegamento que une a una pareja sana. El problema es que el sexo puede ser complejo. No solo se considera que el sexo es un tabú, sino que muchas veces las personas se sienten incómodas al hablar de ello, especialmente con su pareja.

Si se siente incómodo con el tema, es importante establecer un nivel de confianza y seguridad con su pareja para sentirse lo suficientemente cómodo como para expresarse. Puede comenzar a generar confianza hablando de lo que le gusta fuera del dormitorio en lugar de en el calor del momento, lo que probablemente los distraiga a ambos y no resulte en una conversación productiva y respetuosa.

Es posible que descubras que tu pareja está dispuesta a darte más física y emocionalmente en el dormitorio si estás dispuesto a comunicarte de manera respetuosa.

Otra forma de abordar esto es realmente hacerse cargo y hacer valer sus deseos. Muestre a su pareja lo que quiere.

Algunas personas se sentirían aliviadas si su pareja se lo mostrara en lugar de discutirlo, así que no es tema de hacerse cargo. Recuerde, la asertividad viene con respeto.

Esta no es una oportunidad para volverse agresivo repentinamente a menos que haya llegado a un acuerdo con su pareja de antemano.

A menudo surgen dificultades para hacer valer sus deseos sexuales si no se siente cómodo con su apariencia física. Si no se siente lo suficientemente cómodo con su cuerpo como para sentirse seguro con otra persona, esto puede afectar su relación íntima. Es posible que en su pareja se proyecten sentimientos de vergüenza o decepción por su apariencia.

. . .

Puede ser difícil para su pareja desear a alguien que no se agrada a sí mismo y, por lo tanto, se siente notablemente incómodo con la intimidad. Si esto es un problema para usted, dedique algún tiempo a evaluar lo que le gusta de su cuerpo. Si comienza a pensar en sus hermosos rasgos, puede encontrar formas de enfatizarlos a través de su vestimenta y comportamiento.

9

Hacer que funcione

Hay muchas interacciones complejas que tienen lugar todos los días en los negocios. Quizás el más importante ocurre cuando comunica de manera asertiva lo que quiere a las personas que pueden hacer que suceda. Para asegurarse de recibir los mejores resultados, debe emplear sus mejores tácticas. Por supuesto, la mejor táctica de comunicación ser asertivo.

Cuando ofrece su principal conjunto de habilidades de comunicación asertiva, se asegura de que sus necesidades y los deseos se expresan claramente, que nadie se sienta faltado al respeto por su solicitud y que ha establecido límites en cuanto a los plazos, las fechas límite y lo que está dispuesto a aceptar y hacer para completar una tarea.

. . .

Utilizar la asertividad no garantiza que se le concederán todas sus solicitudes, especialmente en el lugar de trabajo; sin embargo, al usar la asertividad, se asegura de que ha realizado su mejor esfuerzo para presentar su información y solicitud de una manera clara y respetuosa.

Tratar con compañeros de trabajo difíciles

Como en el capítulo anterior, veamos un par de ejemplos de cómo la asertividad puede ayudarlo en el trabajo.

Escenario 1

Problema: su compañero de trabajo para un proyecto importante ha estado holgazaneando recientemente y le ha pedido que lo cubra en una reunión la semana que viene.

Quiere decir "no", pero quiere hacerlo sin crear tensión.

Sugerencia: Establezca un momento conveniente para hablar para que ambos abran la comunicación con respeto.

. . .

Una vez que se reúna con su compañero de trabajo, la conversación podría ser así: "Tom, tengo entendido que has tenido algunas dificultades con el proyecto.

Sin embargo, estoy no solo haciendo malabares con este proyecto, sino con otro que tiene un plazo ajustado. Si bien aprecio el trabajo que ha contribuido, no puedo completar el proyecto por usted.

Presentaré mi trabajo en la reunión de la próxima semana. Quiero que presente su propio trabajo.

Creo que si realiza el mismo esfuerzo que inicialmente hizo para completar este proyecto, tendremos una gran reunión.

En ningún momento es irrespetuoso con los sentimientos de Tom; de hecho, lo ha felicitado. Su asertividad, sin embargo, le ha permitido decirle a Tom: "Estos son mis límites. No, no lo cubriré.

Espero que haga su mejor trabajo". La asertividad te ha permitido mantener tu dignidad, respetar los sentimientos de Tom y establecer límites claramente al explicarle que no aceptas la forma en que trata de tratarte.

. . .

Tratando con compañeros/personas difíciles

Como en el capítulo anterior, veamos un par de ejemplos de cómo la asertividad puede ayudarlo en el trabajo.

Escenario #1

Problema: Su compañero de trabajo para un proyecto importante ha estado holgazaneando recientemente y le ha pedido que lo cubra en una reunión la semana que viene.

Quiere decir "no", pero quiere hacerlo sin crear tensión.

Sugerencia: Establezca un momento conveniente para hablar para que ambos abran la comunicación con respeto.

Una vez que se reúna con su compañero de trabajo, la conversación podría ser así: "Tom, tengo entendido que has tenido algunas dificultades con el proyecto. Sin embargo, no sólo estoy haciendo malabares con este proyecto, sino con otro que tiene un plazo ajustado. Si bien aprecio el trabajo que ha contribuido, no puedo completar el proyecto por usted. Presentaré mi trabajo en la reunión de la próxima semana. Quiero que presente su propio trabajo. Creo que si realiza el mismo esfuerzo que inicialmente hizo para completar este proyecto, tendremos una gran reunión".

. . .

En ningún momento es irrespetuoso con los sentimientos de Tom; de hecho, lo ha felicitado. Su asertividad, sin embargo, le ha permitido decirle a Tom: "Estos son mis límites. No, no lo cubriré. Espero que haga su mejor trabajo".

La asertividad te ha permitido mantener tu dignidad, respetar los sentimientos de Tom y establecer límites claramente al explicarle que no aceptas la forma en que trata de tratarte.

Puede que no siempre sea posible concertar una reunión; una respuesta inmediata puede ser necesaria cuando alguien está tratando de presionarlo para que le dé una respuesta.

En estos casos, aún puede actuar. Para hacerlo, detén lo que estás haciendo, mira a Tom a los ojos y dile: "Tom, no voy a poder incluir tu proyecto en mi agenda. Creo que eres la mejor persona para presentar este trabajo. en la reunión." Si ha sido directo, claro y respetuoso en su tono con Tom, él entenderá el mensaje y habrá cerrado sus persistentes solicitudes de manera asertiva.

Escenario #2

. . .

Problema: Debbie, una compañera de trabajo, habla de ti a tus espaldas constantemente, interrumpe tus presentaciones con preguntas tontas e intenta hacerle sentir incómodo cada vez que está cerca de ella. Quiere detener el comportamiento grosero de Debbie.

Sugerencia: Desafortunadamente, la agresión, el acoso y el comportamiento francamente grosero no se limitan al patio de la escuela. Puede encontrarse con colegas o jefes que lo tratan con poco o ningún respeto. Este es un momento perfecto para que utilice tácticas de comunicación asertivas para detener este comportamiento inaceptable.

Su enfoque debe ser directo, reservado y claro como el cristal en su significado. No debe confrontar a Debbie frente a otras personas, sino encontrar un momento en el que pueda hablar con ella a solas, tal vez en una sala de conferencias que de otro modo estaría vacía.

La conversación podría ser así: Debbie, parece que tienes un problema conmigo. No tenemos que ser amigos personales, pero tenemos que trabajar juntos. Cuando eres abiertamente hostil hacia mí, es una falta de respeto y Me siento negativo por trabajar juntos. Como su colega, merezco su respeto. Me gustaría mejorar nuestra comunicación. Quiero que sepa que ya no aceptaré su actitud agresiva hacia mí. Si no cesa, organizaremos una reunión para nosotros con

Recursos Humanos para discutirlo más a fondo. Le agradecería que considerara cómo me habla y me trata con más respeto.

Es probable que Debbie se quede atónita por el hecho de que la hayas llamado un farol con calma y firmeza.

De hecho, si ella no retrocede y procede a volverse más agresiva o amenaza con causarle más problemas en su trabajo, debe agradecerle su tiempo, dar media vuelta y acudir inmediatamente a Recursos Humanos para presentar una queja. Usted definió sus límites y es posible que deba seguir adelante con acciones para defenderlos.

Escenario #3
Problema: Tiene un jefe grosero y agresivo y quiere enfrentarlo por su comportamiento irrespetuoso.

Sugerencia: ofreceremos una sugerencia comenzando con una gran historia de asertividad en el lugar de trabajo. Una joven asistente de laboratorio cometió un error en su trabajo en el laboratorio. Si bien el error no representó ningún peligro o daño a nadie, causó un retraso en la línea de tiempo del experimento que estaba realizando su jefe.

. . .

Cuando la empleada regresó del almuerzo, su jefe le gritó sobre el error frente a sus colegas y le dijo que era "mejor que esto". Luchando contra las lágrimas de vergüenza, el empleado se retiró al baño y lloró bien. Cuando regresó al laboratorio, limpió en silencio el material de laboratorio para que el experimento comenzara de nuevo. No le dijo nada a su jefe durante el resto del día.

A la mañana siguiente, llamó a la puerta de la oficina de su jefe y le preguntó si tenía un momento.

Cerrando la puerta detrás de ella, la joven empleada se sentó frente a su jefe y lo miró directamente a los ojos. Luego se disculpó por el error. A continuación, ella le dijo con calma que la humilló frente a todo el laboratorio. Ella le recordó que ella era su subordinada, pero que también era su colega, y que la había tratado irrespetuosamente.

Siguió diciendo que haría todo lo posible por no cometer el mismo error, y que esperaba que él nunca cometiera el mismo error de olvidar que ella era su colega. Concluyó diciéndole que, si volvía a tratarla de esa manera, presentaría una denuncia formal ante el jefe del laboratorio por abuso verbal. Su jefe se disculpó. El empleado continuó trabajando con él durante otros 2 años antes de que ella se fuera a otro trabajo, y nunca tuvieron otro conflicto.

. . .

Hubo algunas cosas que se unieron para que esta joven mujer disipara este conflicto demasiado agresivo. Primero, en lugar de reaccionar inmediatamente con miedo o ira, se tomó un tiempo para ordenar sus pensamientos. En segundo lugar, solicitó respetuosamente el tiempo de su jefe a la mañana siguiente y se sentó y lo miró a los ojos, lo que le dijo con su lenguaje corporal que no la intimidaba.

En tercer lugar, usó el lenguaje "yo" y "mí" para expresar cómo se sentía. Finalmente, enfatizó la gravedad del evento utilizando un lenguaje cada vez más intenso: le dijo a su jefe que, si no podía tratarla con respeto, ella presentaría una denuncia formal.

La razón por la que pudo haber sentido que tenía derecho a hablar con ella de manera tan agresiva fue porque él era su jefe. Él creyó erróneamente que tratar mal a un subordinado era un comportamiento aceptable hasta que ella le recordó que, como colega, eran iguales según las reglas de su lugar de trabajo. Si ella le hubiera creído y hubiera seguido siendo una empleada pasiva y subordinada, nunca se habrían ganado la comprensión y la consideración mutua.

Además, si bien hubiera sido muy fácil haber llorado o incluso haberle gritado a su jefa ese día, ninguna de esas acciones habría logrado que entendiera sus límites. Cuando se enfrenta a un conflicto en el trabajo, si su estilo de comunicación es enojarse o quejarse de su situación, no es probable que se gane el respeto de nadie, incluido usted mismo. La comunicación asertiva le brinda la oportunidad de establecer los límites necesarios para hacer frente a los conflictos y desafíos diarios a medida que surgen.

Es necesario hacer una distinción importante en el uso que hace esta mujer del lenguaje creciente.

Si lo nota, utiliza un lenguaje cada vez más intenso la primera vez que se enfrenta a su jefe. Ella le dice a su jefe que si la trata de esa manera nuevamente, ella presentaría una queja formal. No es necesario que utilices un lenguaje cada vez más rápido.

El lenguaje de escalada puede reservarse para cuando necesite "escalar" su asertividad. La técnica se puede aplicar en respuesta a que la otra persona ignore o descuide su intento inicial de ser asertivo. En otras palabras, si su jefe ignoró su pedido original y continuaba faltándola al respeto, ella podría regresar en su segundo encuentro para hacer uso del lenguaje creciente. Por lo tanto, si está nervioso por la escalada del lenguaje, puede abstenerse de usarlo hasta que se vuelve necesario.

Lo maravilloso de la comunicación asertiva es que no tienes que preocuparte por cambiar tu comportamiento entre un superior o un subordinado porque el mensaje subyacente es de respeto. El respeto se discutió en la introducción como la diferencia definitoria entre asertividad y agresión.

Por lo tanto, su conversación con su jefe puede ser más formal, pero tendrá el mismo tono y palabras de respeto que usaría cuando habla con su compañero sobre el mismo tema.

Se aseguraría de que tanto el director ejecutivo como el asistente tuvieran tiempo para discutir el problema; les explicaría lo que han hecho y cuáles son sus límites, y les brindará toda su atención física (contacto visual, enfrentarlos) mientras escucha sus preguntas.

La comunicación asertiva no solo lo ayudará a decirles claramente a los demás lo que quiere y necesita, sino que le ahorrará tiempo de tener que averiguar cómo hablar con diferentes personas en diferentes posiciones de autoridad en la empresa, ya sean superiores o subordinados. La respuesta es simple: cada persona merece el respeto inherente a la comunicación asertiva.

Cómo pedir con firmeza un aumento

. . .

Cuando habla con un lenguaje asertivo, toma en consideración los sentimientos, las opiniones y el tiempo de la otra persona, independientemente de su título, puesto o nivel salarial dentro de la organización.

Ahora que comprende cómo puede usar la asertividad en el lugar de trabajo, usémosla en otra situación relacionada con el trabajo en la que todos, en algún momento, se encuentren pidiendo un aumento.

De todos los posibles encuentros laborales, pedir un aumento puede ser el más intimidante. Casi todo el mundo está nervioso e inseguro sobre cómo acercarse al jefe en esta situación. ¿Deberías actuar con humildad o tocar tu propio cuerno? ¿Deberías concertar una cita con el jefe o simplemente intentar arrinconarlo en un ambiente social y enviarle algunas pistas? El problema es que tu sabes que, si no dice nada, probablemente no obtendrá nada.

Su mejor estrategia para abordar esta situación es planificar, preparar y presentar su caso. Es posible que desee un aumento y lo necesite aún más, pero adelantarse puede causar contratiempos y problemas. Es mejor ser metódico en su enfoque y claro y respetuoso en su discusión.

Aquí hay algunas pautas para manejar esta situación difícil.

. . .

Cada jefe o supervisor es diferente y puede requerir algunos ajustes.

Primero, programe una cita con su jefe para discutir este tema. Infórmele de lo que le gustaría discutir de antemano.

Esto es respetuoso con su tiempo y les dará a ambos la oportunidad de prepararse para la reunión.

Luego, haga tu tarea. Reúna evidencia de por qué se merece el aumento.

Mire los salarios de las personas con su nivel de habilidades y experiencia, que están fácilmente disponibles a través de búsquedas en Internet. Considere otra capacitación adicional que haya recibido, proyectos exitosos, premios, reconocimientos de colegas, reseñas de clientes, cifras de ventas, etc. Además, haga una lista de sus habilidades relevantes, aquellas que lo han hecho o lo hacen exitoso en su trabajo.

Finalmente, cuando tenga la reunión, use sus habilidades asertivas. Empiece por su lenguaje corporal. Camine alto.

. . .

Diga hola. De la mano. Siéntese y mírelo a los ojos.

Luego, utilice un lenguaje asertivo para expresar su deseo por el aumento. Empiece por decir: "Joni, he pedido reunirme contigo hoy para hablar de mi salario. Agradezco tu tiempo. Me gustaría recibir un aumento del x por ciento y tengo algunas razones para explicar por qué creo que me lo merezco."

En este momento, discuta sus razones: "Nunca he llegado tarde al trabajo".
"Termino todas mis tareas a tiempo". "Tomo la iniciativa cuando es necesario". Presenta tu investigación.

También puede mencionar qué trabajo adicional está dispuesto a realizar. "Estoy dispuesto a hacer tales actividades en mi trabajo si recibo este aumento. Me gustaría escuchar sus pensamientos".

Esta es tu apertura. Es el comienzo de tu diálogo. Ha sido respetuoso, completamente claro y ha establecido límites para lo que está dispuesto a hacer para recibir el aumento salarial. En otras palabras, acaba de pedir un aumento enérgicamente.

. . .

Si ha presentado con éxito su argumento, su jefe debería estar de acuerdo con el aumento. Lo más probable es que necesite tiempo para pensarlo. Como resultado, no presione a su jefe para que le dé una respuesta de inmediato. Él o ella pueden estar ocupados y tener muchas cosas en su plato que necesitan atención. Si es así, deje que él o ella se encargue de esos problemas.

Además, es posible que su jefe deba realizar la debida diligencia para ver si hay un aumento en el presupuesto y / o discutirlo con su gerente antes de tomar cualquier decisión.

Incluso su jefe debe rendir cuentas a los superiores, por lo que es posible que deba continuar la discusión en reuniones posteriores. Si se requiere otra reunión, esté preparado con puntos adicionales en caso de que decida argumentar en contra del aumento.

Si su jefe discute en contra, ya sea en la reunión inicial o después de tener la oportunidad de reflexionar sobre ello, escuche atentamente lo que tiene que decir. Incluso si la respuesta a su solicitud termina siendo "no", eso no significa que sea el final. Sea un buen oyente y pregunte por qué no calificó para el aumento. Cuando pregunte, sea cortés. Enfadarse y exigir respuestas concretas no le ayudará en absoluto.

Respire hondo y presente con calma su contraargumento. Si su jefe dice que no tiene las habilidades, presente ejemplos que ilustren cómo las tiene o deje en claro que está dispuesto a aprender. Si el argumento es que hay otros más calificados, explique dónde sus habilidades superan a las de ellos. Su contraargumento es importante porque incluso si su jefe siente que usted merece un aumento y tiene la capacidad de otorgárselo, muchas veces seguirá negando su solicitud inicial. Eso es parte de ser un buen gerente. No van a entregar un aumento a todos los empleados que entren y pidan uno.

Si después de presentar su contraargumento, su jefe todavía insiste, entonces sabe que no está diciendo que no por el simple hecho de decir que no. Por lo tanto, esta persona puede tener razones legítimas de por qué no puede darte el aumento. Pregúntele a su jefe qué puede hacer para aumentar sus posibilidades. Descubra cómo puede mejorar su rendimiento.

Tome en serio lo que le dice su jefe sobre cómo mejorar su desempeño y póngalo en práctica lo antes posible. Esté dispuesto a hacer lo que sea necesario (dentro de lo razonable, es decir) para asegurarse de que la próxima vez que solicite un aumento, reciba una respuesta favorable. Tu voluntad de mejorar pesa a tu favor. Mientras tanto, continúe desempeñándose en el trabajo.

Existe una buena posibilidad de que, si su jefe acepta un aumento, sea para una cita en el futuro cercano. Él o ella querrán esperar entre uno y seis meses para que comience el aumento. Considere esto como una victoria. Su jefe está haciendo esto porque quiere asegurarse de que usted se mantenga comprometido con su palabra. El tiempo que te haga esperar será una prueba de tu compromiso. Durante este período transitorio, asegúrese de continuar y seguir llevando a cabo. No quiere que él o ella reconsidere esta generosidad.

Si su jefe acepta un aumento, también existe una buena posibilidad de que no le dé la cantidad exacta que pidió. El aumento ofrecido podría ser por una cantidad menor. En este caso, tendrá que decidir si el aumento, aunque menor, sigue siendo una ganancia. Si la oferta es más de la mitad de lo que pidió, probablemente sea una respuesta favorable.

Por el contrario, si la oferta es menos de la mitad, es probable que no sea una victoria y que se le ofrezca lo suficiente para alejarlo de su espalda. Si encuentra que la oferta más baja es satisfactoria, agradézcale respetuosamente. Si no es así, trátelo como lo haría con una negación; pregunta qué puede hacer para conseguir el aumento inicialmente establecido o contrarrestar con razones por las que siente que merece más.

Desafortunadamente, es posible que se encuentre en una situación en la que tenga un jefe que, perdón por mi francés, es simplemente un capullo. Aunque te mereces un aumento, él no te lo dará. Incluso puede hacerle creer que un posible aumento o ascenso está a la vista, pero no cumple su palabra. Peor aún, puede ofrecer el aumento o el ascenso a un miembro del personal menos calificado y / o experimentado. Este es el hecho de la vida. Las empresas están plagadas de superiores y gerentes cuyo trato a los empleados no se basa en el mérito, sino en las preferencias personales.

En esta situación, debe analizar detenidamente y determinar si esa empresa es adecuada para usted. Si su jefe ignora sus esfuerzos y se interpone en el camino de su crecimiento profesional, entonces puede ser el momento de seguir adelante y buscar empleo en otra parte. Esto es parte del proceso asertivo. Si no se satisfacen sus necesidades o se violan sus derechos, es importante alejarse de la "situación" y ponerse en una situación mejor. La situación en este caso es un nuevo lugar de trabajo.

Sin embargo, dejar a su empleador no siempre es fácil, especialmente en nuestra economía actual. Para ciertos profesionales, como pilotos o agentes de talento, mudarse a otra empresa significa renunciar a la antigüedad que ha adquirido y volver a empezar desde abajo. Éstas son decisiones difíciles de tomar; Sin embargo, si realmente se siente confiado en su trabajo y seguro en su dedicación como empleado, entonces un nuevo trabajo es una opción que vale la pena considerar. Solo asegúrese de hacer su debida diligencia para no encontrarse en la misma situación con un nuevo empleador.

Antes de continuar, primero puede intentar escalar el lenguaje. Si confía en la decisión de buscar otro trabajo, puede comunicárselo a su jefe. Si su jefe insiste en no darle el aumento que desea, hágale saber que considerará ir a otra firma o empresa. Cuando le digas esto a tu jefe, trata de no parecer que estás amenazando o obligándolo a tomar una decisión.

Simplemente dígalo como una opción que está dispuesto a considerar. Además, no lo menciones al principio de la conversación. Este es un lenguaje en escalada, recuerde, así que sáquelo a colación cuando haya agotado otras vías.

Si planea intensificar la discusión, asegúrese de tener confianza en su decisión. Es posible que su jefe le deje irse.

En este caso, más temprano que tarde, se le informará de dónde se encuentra ante sus ojos, y es mejor pasar a un lugar donde será valorado. No se enfade ni sienta la tentación de quejarse excesivamente. La asertividad no significa que siempre se salga con la suya, sino que se trata de hacer todo lo posible para defender sus derechos. Si lo mejor de usted no es lo suficientemente bueno para la situación actual, muévase a uno donde sí lo sea. Deje atrás el pasado y concentre su energía en mejorar su futuro.

Por último, si su jefe no le responde con una respuesta, pregúntele cuándo podría saberlo. No se vaya con las manos vacías con una fecha abierta. Tomar la iniciativa para programar la próxima reunión. Será un paso más cerca de obtener una respuesta.

Estas son las diferentes formas de ser asertivo en el lugar de trabajo.

Me doy cuenta de que las instrucciones que se presentan aquí son bastante formales y estructuradas, pero eso se debe a que la mayoría de los entornos laborales requieren un enfoque formal. Aunque dependiendo de la cultura y el entorno de su trabajo, su enfoque puede ser más relajado.

En lugar de programar una reunión, puede simplemente llamar a la puerta de su jefe o acercarse a su compañero de trabajo para preguntarle si tiene un segundo para hablar. Si la respuesta es "sí", plantee su preocupación. No tienes que ser demasiado serio, pero aún así firme.

Aprender a ser asertivo en el trabajo le hará ganar el respeto de sus compañeros y jefes. Ser asertivo significa hablar por sí mismo, manejar los conflictos y resolver los problemas.

10

El cambio global de bienes a servicios

Una aplicación del mundo real en la que puede comenzar a utilizar fácilmente su nuevo estilo de comunicación asertiva es como consumidor. Como consumidor, puede encontrar situaciones en las que no se sienta en control del proceso de compra. Puede sentir la presión de un vendedor agresivo para comprar algo que realmente no quiere, o puede encontrar un problema con un producto que compró y sentir un serio remordimiento por parte del comprador. La comunicación asertiva puede ayudarlo en ambos casos, y los discutiremos en este capítulo.

No hace mucho tiempo, el servicio al cliente se consideraba una ocurrencia tardía para muchas empresas. Ofrecieron un producto, pero es posible que en realidad no les haya importado mucho la experiencia del comprador cuando lo compró o lo que sucedió después de la compra si había un problema.

. . .

Hoy en día, los consumidores tienen muchos factores a su favor para ayudarlos mientras compran y realizan compras.

Primero, los minoristas ahora quieren algo más que su dinero. Quieren tu lealtad. Quieren asegurarse de que continúe comprando con ellos. Como resultado, han implementado numerosos sistemas en caso de que tenga un problema con un producto. Usted, como consumidor, tiene garantías de devolución de dinero, garantías, igualación de precios, devoluciones sin preguntas y envío de devolución gratuito como algunas de las redes de seguridad detrás de su compra. Los minoristas tienen un gran interés en su satisfacción para garantizar su fidelidad.

Además, la economía mundial ha cambiado la forma en que los clientes compran productos. Este cambio ha hecho que las empresas se den cuenta de que deben ofrecer más que solo bienes al mercado global. También deben ofrecer servicio al cliente para atraer y retener su base de consumidores. No es suficiente que las empresas ofrezcan productos ricos en funciones: también deben brindar un excelente servicio al cliente.

Más importante aún, Internet ha cambiado el campo de juego. Ha hecho que el mercado sea más competitivo, permitiendo a los consumidores ser compradores más informados y brindándoles más oportunidades de difundir sus opiniones sobre productos y servicios defectuosos.

Hace menos de veinte años, si deseaba comprar algo, iba a una tienda en su área local y lo compraba. Si la tienda no tenía el artículo que deseaba, no había mucho que pudiera hacer. Para saber si un producto era seguro y confiable, estaba limitado a su círculo de familiares y amigos para una crítica.

Ahora, si desea comprar algo, cualquier cosa en realidad, sus opciones están abiertas. Puede ir a una pequeña tienda especializada, una gran tienda por departamentos o en línea. Si desea que se utilice el producto, sus opciones son aún mayores. Puedes hacer una búsqueda en internet para hacerlo en casa, o quizás incluso mejor, párese frente al producto en la tienda, escanee el código de barras del paquete con su teléfono inteligente y vea los precios disponibles en y alrededor de su área. Más allá de eso, ahora puede investigar a fondo su producto leyendo reseñas de críticos profesionales de revistas y diarios en línea o reseñas de clientes, a menudo de sitios web de tiendas, minoristas de Internet o el sitio web de la marca del producto. Internet realmente ha ampliado el horizonte para los consumidores.

Todos estos cambios acelerados significan que nunca ha habido un mejor momento para ser consumidor. Sin embargo, debe comprender cuál es la mejor manera de lidiar con vendedores agresivos o negociar precios.

Después de realizar una compra, necesitará saber cómo lidiar con un departamento de atención al cliente de la empresa, convenientemente para usted, tiene la herramienta de la asertividad en su arsenal. No hace mucho tiempo, las opciones de los consumidores eran limitadas. Ahora pueden hacer mucho más.

Cómo ser un comprador asertivo

Aunque las opciones del consumidor son más abiertas. realizar una compra, especialmente si es grande, puede resultar desagradable. Dependiendo de lo que esté comprando y de dónde, puede encontrar personal de ventas grosero o difícil que descuide sus necesidades o lo empuje a tomar una decisión de compra. Esto puede llevarlo a comprar el artículo incorrecto pagando demasiado por él.

Como comprador, la comunicación asertiva al realizar una compra le permite establecer límites para que no se sienta presionado a:

- realizar una compra inmediata
- compra algo que no quieres

- gastar más dinero del que planeaba

Como en otras áreas que hemos discutido, un consumidor asertivo no es ni pasivo ni demasiado agresivo.

Los consumidores pasivos tienden a no saber realmente lo que necesitan o quieren y es posible que no se comuniquen de manera efectiva. Esto deja al representante de la empresa adivinando qué puede hacer para ayudar, lo que puede significar que la empresa no hace nada. Los clientes agresivos entran sabiendo lo que quieren y necesitan, pero están dispuestos a pisar a quien sea que necesiten para conseguirlo, lo que generalmente conduce a discusiones largas y dolorosas con representantes de servicio al cliente que estarían en todo su derecho a negar asistencia después de haber sido abusado verbalmente.

Un consumidor asertivo comunica respetuosamente lo que necesita y quiere. Esta persona es en realidad un "cliente de ensueño" para las empresas, lo que las hace ansiosas por trabajar con usted para brindarle lo que está pidiendo. Para tomar la ruta asertiva, aquí hay algunos consejos para comunicar sus necesidades y deseos con respeto para sentirse más en control del proceso de compra.

1. Investigue el producto que desea comprar.

Un cliente educado es un cliente empoderado. Cuando

investigue, tendrá una idea de lo que hay disponible para el producto o servicio específico. Su investigación le dará pistas sobre los diferentes fabricantes, los precios que están pidiendo los minoristas como las opciones disponibles. Al hacer su investigación, puede descubrir aspectos de los que antes no estaba al tanto sobre un producto o servicio, pero que influirán en su toma de decisiones.

Puede realizar su investigación de diferentes maneras. Puede comenzar conectándose. Si no puede encontrar lo que necesita en Internet, desarrolle una lista de preguntas que pueda llevar a la tienda que vende el producto para preguntarle a su vendedor. También puede investigar a los competidores de la marca o la tienda para obtener más información. Cuanta más información tenga, mejor.

2. Determine lo que necesita.

Después de hacer su investigación, estará en una mejor posición para discernir sus necesidades. Tendrá un conocimiento práctico de los tipos de productos y opciones que existen y cómo puede beneficiarlo. Averigüe qué opciones necesita, así como el precio que está dispuesto y puede pagar. Es posible que pueda limitar su búsqueda a dos o tres productos según su lista y presupuesto "imprescindibles". Puede considerar estos límites como no negociables mientras realiza su compra.

3. Determina lo que quiere.

Puede considerar esto como su "lista de deseos" de

características que le gustaría tener en el producto o servicio, pero no es un factor decisivo si no las obtiene. Sus necesidades no son negociables, pero sus deseos pueden cambiar según el precio y los términos ofrecidos. Lleve consigo su lista de deseos y necesidades mientras compra, de modo que esté preparado para comunicarse con los vendedores y recordarles lo que es y lo que no es negociable a medida que avanza hacia su compra.

4. Utilice su lealtad a la marca como un activo.

Muchas empresas ofrecen programas de recompensas que ofrecen a los clientes descuentos, artículos gratuitos o incluso financiación especial. Puede obtener de todo, desde vuelos gratis o noches de hotel hasta ventas especiales que no están disponibles para el público, si utiliza los programas de lealtad de manera inteligente.

Otra área que algunos clientes pasan por alto son los programas de fidelización de sus tarjetas de crédito. Muchos ofrecen sitios de compras con descuento en línea que le permiten usar sus puntos para pagar artículos, o ofrecen un programa de devolución de efectivo que equivale a dinero en su bolsillo. Algunas tarjetas de crédito incluso ofrecen extender la garantía en compras más allá de la garantía del fabricante original de esa tarjeta.

5. Pregunte, pregunte, pregunte.

Si no pregunta específicamente qué necesita y desea, no es probable que lo consiga. Si quieres un vestido rojo, pero ves un estilo que solo te gusta en gris, pregunta si está disponible en rojo. Es especialmente importante concentrarse en el tono de su voz para asegurarse de no sonar llorón o enojado, especialmente si está hablando con alguien por teléfono. Un paso crucial para comunicarse de manera asertiva por teléfono es siempre pedir el nombre del representante. Si sus necesidades y deseos no se satisfacen con "No podemos hacer eso" de un representante, "pregunte" qué puede hacer la empresa por usted.

6. Está bien. decir que no.

Si no está interesado en realizar una compra en este momento o en absoluto, no es necesario. A veces puede sentirse obligado a realizar una compra si un vendedor fue lo suficientemente amable como para aceptar cuidar y pasar tiempo contigo; sin embargo, recuerde de los Derechos de Asertividad, aunque puede sentir preocupación, compasión y buena voluntad por los demás, no es responsable de su felicidad. Si un vendedor ha sido de ayuda, ese es su trabajo.

Eso es lo que les pagan por hacer.

Además, muchos vendedores, especialmente los realmente buenos, utilizan este endeudamiento que sienten las personas para culparlos y tomar una decisión de compra que no quieren. A menudo, el asociado de ventas fingirá que es su mejor amigo, por lo que se sentirá aún más en deuda con él. La mayoría de las veces, estas son tácticas bien conocidas utilizadas por personal de ventas bien capacitado. No tienes que enamorarte de su manipulación; tiene todo el derecho a abandonar una decisión de compra sin sentirse mal por ello.

7. El poder está de tu lado.

Como comprador, todo el poder está de su lado. Este es el consejo más importante. Tú eres el que tiene el dinero.

Hasta que realice un pago o firme un contrato, usted tiene la ventaja. Si no le gustan los términos de la compra, simplemente puede llevar su negocio a otra parte.

Un truco útil para evitar que un vendedor lo presione para que renuncie a este poder es dejar su billetera o bolso en el automóvil o en casa cuando vaya de compras. Es decir, si siente que al entrar en una tienda no tiene el autocontrol para decirle "no" a un vendedor agresivo, entre sin ninguna forma de pago. De esta manera, no se le puede obligar a realizar una compra porque no tiene nada con qué pagar. Si decides que la compra es correcta, puede caminar hasta su automóvil o regresar a casa para obtener el dinero. Al salir, reflexiona sobre la decisión para asegurarte de no adelantarte. Si decide que, de hecho, se está apresurando a realizar la compra, no tiene que volver a entrar. Simplemente puede ir a la siguiente tienda o vendedor, o incluso volver a casa para reflexionar sobre las cosas.

. . .

Los anteriores son algunos consejos para mantener el poder de su lado como consumidor.

Las mayores habilidades de asertividad no harán que eso suceda. Ser un comprador asertivo significa conseguir lo que quieres sin que te aprovechen. No significa conseguir lo que quiere para él, en la medida en que se aproveche del vendedor. Los vendedores están en el negocio para ganar dinero, no para dar caridad a las personas más exigentes.

No obstante, no debe permitirse sentirse presionado por un vendedor o representante para realizar una compra o aceptar una oferta con la que no se sienta cómodo. Si no se satisfacen sus necesidades o si el proceso de ventas avanza demasiado rápido para su comodidad, recuerde que un consumidor asertivo siempre se reserva el derecho a decir "no". No es necesario que se disculpe por eso o que sienta que está decepcionando a alguien o que se perderá algo si no está listo para realizar una compra. Diga "No, gracias" y pase al siguiente distribuidor de su lista.

Puede aplicar las técnicas anteriores con cualquier decisión de compra, no importa cuán grande o pequeña sea. Investigue, averigüe qué hay disponible, determine qué es negociable y qué no, sea firme, pero educado, y esté dispuesto a alejarse.

. . .

Comunicarse de manera asertiva cuando el producto / servicio no funciona

Está bien, entonces hizo una compra. Usó sus nuevas habilidades para comprar exactamente lo que quería al precio que lo deseaba. Todo iba muy bien, pero luego de seis meses de usar el producto o servicio, comenzó a experimentar problemas.

Cuando un producto o servicio no funciona o deja de funcionar como se prometió, no tiene que aceptarlo como su pérdida. Usted como consumidor tiene derechos que lo protegen. Sin embargo, tendrá que emplear cierta asertividad para defender esos derechos. Comunicarse de manera asertiva cuando algo ha salido mal puede ayudar a que una situación difícil y frustrante sea una en la que se sienta en control y pueda decirle con calma a la empresa cómo resolver su problema.

A continuación, se ofrecen algunos consejos generales para tratar con una empresa después de haber realizado una compra y haber comenzado a tener problemas con su producto:

1. Comprenda el mal funcionamiento.

En primer lugar, determine el problema o el mal funcionamiento. Si algo no funciona, es importante comprender qué es: ¿El dispositivo no se enciende? ¿Hay algún problema con el software? ¿Los botones no funcionan o los menús no responden como se esperaba? Si puedes resolver el problema exacto, te ayudará. Cuanta más información pueda proporcionar, mejor podrá ayudarle la empresa.

2. Reúna sus documentos.

Compra de documentos. son importantes a la hora de tramitar una reclamación.

Todo, desde recibos hasta certificados de garantía y una oferta que la empresa hace para resolver su problema, es importante. No confíe en que la empresa tendrá toda la información de su compra archivada.

3. Pregunte por el siguiente nivel de apelación.

Si la persona con la que está tratando - ya sea por teléfono o en persona - no está dispuesta a trabajar con usted para satisfacer sus necesidades y deseos, puede solicitar hablar con el siguiente nivel de apelación. Mucha gente comete el error de exigir inmediatamente un supervisor que esté por encima de todo el departamento, pero al hacerlo, puede eliminar algunas capas de oportunidad para que la empresa satisfaga su solicitud. Puede resultar difícil tener que repetir tu historia, pero la paciencia y la perseverancia pueden ser tus aliados en este caso.

. . .

4\. Siga subiendo.

Si, de hecho, la empresa aún no ha resuelto su problema después de otro nivel o tres de apelaciones, no se rinda.

Puede obtener información sobre casi cualquier persona de la empresa, hasta el director ejecutivo o el propietario.

Usando sus habilidades de documentación, escriba una carta certificada o envíe un correo electrónico a la persona a cargo correspondiente.

Puede configurar su correo electrónico para enviar un recibo para que sepa que fue recibido y leído. Luego, haga un seguimiento un día después de recibir el aviso de que su correo electrónico o carta ha sido recibido.

Este paso puede parecer extremo, pero si su problema es una solución costosa, este paso puede ser crucial para una resolución.

5\. Sea siempre respetuoso.

Puede estar exasperado hablando con tanta gente, pero no permitas que tu frustración se convierta en una falta de respeto. La persona al otro lado del teléfono está en condiciones de ayudarlo y no merece la peor parte de su enojo.

Está perfectamente bien decir: "Estoy realmente frustrado por esta situación. ¿Hay algo que puedas hacer para ayudarme?" Esto es honesto, pero respetuoso.

6. Nunca digas morir.

Sea firme, cortés, claro e implacable. Esto no significa que deba llamar a la empresa cada hora hasta que resuelvan su problema. Puede llamar una vez al día o una vez a la semana para que verifique un problema mayor si corresponde. Así como tiene derecho a decir "no", recuerde que también tiene derecho a no aceptar un "no" de la empresa.

Es posible que no obtenga exactamente lo que buscaba, pero es posible que se pueda llegar a un compromiso, y eso es probablemente más de lo que tenía al principio. También tienes alternativas fuera de la empresa. Los grupos de defensa existen con el propósito exacto de ayudar a los clientes y empresas a resolver problemas.

7. Mantenga registros detallados.

Los registros pueden ser cruciales para ayudarlo a documentar el proceso de tratar con una empresa. Por lo general, es útil crear un archivo de documento para almacenar estos elementos si se trata de un proceso extenso, como un problema de garantía, operaciones bancarias erróneas, o un reclamo de seguro. Una vez más, no confíe en que la empresa lleve registros por usted. Sea su propio defensor.

Puede imaginar lo difícil que puede ser lograr algo al abordar esta situación con conductas y comunicaciones pasivas o agresivas.

Los consumidores pasivos no están seguros de lo que quieren y no están dispuestos a trabajar para conseguirlo.

Los clientes agresivos se centran solo en empujar a los demás y, por lo general, se quedan sin herramientas de comunicación tan pronto como pierden la paciencia.

El consumidor asertivo puede describirse mejor como alguien que sabe lo que quiere y está dispuesto a perseguirlo de manera respetuosa y persistente. Si usa la comunicación asertiva, tendrá un arsenal de herramientas a su disposición.

Mantenga su aplomo y dignidad. Obtenga lo que necesita y desea. Si se comunica de manera respetuosa y asertiva como consumidor, es mucho más probable que esté satisfecho con su compra o la resolución de su problema.

11

Haciendo la transición

Iniciar un nuevo camino hacia la asertividad no es fácil. De hecho, puede ser bastante estresante, especialmente al principio.

Los viejos hábitos son difíciles de cambiar, incluso si esos hábitos solo traen dolor y frustración. Como resultado, el hecho de que sepa qué hacer y cómo no significa que deba o podrá hacerlo.

Hay muchos viejos miedos, ansiedades e inseguridades que pueden surgir cuando se encuentra en una situación asertiva real.

Lo bien que alguien haga la transición dependerá de la persona. Para algunas personas, la transición será fácil.

. . .

Algunos están en un lugar en sus cabezas y vidas donde todo lo que realmente necesitaban era alguien que entendiera por lo que estaban pasando. Eso, junto con un poco de orientación y un voto de confianza, es suficiente para transformarlos en nuevas personas que pueden convertirse en personas exitosas y asertivas.

Para otros, la transformación no será tan instantánea.

Muchos experimentarán dificultades al comenzar. Tendrán que leer el libro varias veces para comprender lo que se dice.

Ellos también tendrán que salir y probar las técnicas y los consejos varias veces y en varias situaciones diferentes para tener una idea de cómo se siente la asertividad. Mientras estas personas se mantengan en sus esfuerzos, comenzarán a internalizar el comportamiento. Sabrán lo que es ir y venir con una persona difícil. A medida que las cosas encajan y reciben la respuesta y el respeto que desean, su éxito les dará una motivación adicional para continuar.

Aún así, otros lucharán. Estas personas sabrán exactamente qué hacer y cómo; estarán motivados para actuar y, muchas veces, saldrán por la puerta listos para la acción, pero no podrán seguir adelante. Entrarán en una situación y se congelarán.

Tendrán una discusión completa para su jefe o representante de servicio al cliente preparado, pero una vez que se pongan frente a esa persona, se doblarán. Si no se doblan, lo que salga de su boca será exactamente lo contrario de lo que pretendían decir.

Debo decir que lo siento por estas personas. Yo mismo he estado en sus zapatos. Ojalá pudiera escribir instrucciones que pudieran hacerlos saltarse esta traicionera curva de aprendizaje. Desafortunadamente, para algunos de nosotros, esta es la carta que se nos reparte en la vida. A medida que avanza en la curva, parecerá que cuanto más se esfuerza, más se empuja hacia atrás. También sé, sin embargo, que al ser persistente y practicar la habilidad todos los días, ya sea con problemas menores, como que su servidor haga un pedido incorrecto o con problemas más grandes, como un miembro irracional de la familia, se desarrollará a usted mismo. Lento pero seguro, sucederá. Cuanto más practique y más se ciña a ello, más asertivo se volverá.

Otro aspecto de la transición es que el progreso no siempre será hacia adelante. Al igual que con cualquier cambio, ya sea para perder peso, dejar de fumar o aprender una nueva habilidad, el camino nunca es recto. No se pone en camino y camina hasta llegar a su destino. Encontrará desvíos, desvíos y desviaciones. La ruta es más como un sacacorchos en el que avanzas varios pasos, retrocedes algunos, avanzas un poco más y luego retrocedes un poco de nuevo.

Eso significa que a veces podrás afirmarte, pero otras veces no. A veces lograrás grandes resultados. En otras ocasiones, usted no logrará nada. Durante los momentos en que no logra nada, puede parecer que está retrocediendo o perdiendo su toque. Sin embargo, no lo eres.

Tenga en cuenta que esto es simplemente el proceso de desarrollo. Hay mucho movimiento hacia atrás y de lado a lado en el camino hacia la asertividad. Esté abierto a esto.

Le quitará algo de la frustración mientras trabaja para integrar la asertividad en su ser. No sienta que está retrocediendo o perdiendo el toque cuando se encuentre en una situación en la que no defendió sus derechos. Cuanto más te esfuerces, menos retrocederás.

Por último, cuando inicialmente intenta afirmarse, puede exagerar. En lugar de actuar con calma; puede gritar, ser grosero o parecer duro de alguna manera. Esto es también normal, sobre todo al principio. Cuando te has retenido durante tanto tiempo, construyes un muro muy fuerte y resistente. Un muro así requiere mucha fuerza e intensidad para abrirse paso. Como tienes que usar esa fuerza para seguir adelante, cuando finalmente lo hagas, estarás tan cargado de esa fuerza que se trasladará a la conversación y la interacción, haciéndote parecer emocional, estimulado e incluso agresivo.

Cuanto más tiempo se haya retenido con respecto a un problema o cuanto más haya permitido que otros lo presionen, más fuerte será esta respuesta inicial.

Nuevamente, esto es parte del proceso de convertirse en un individuo asertivo. Para superar la resistencia interna que le impide hablar, irá por la borda. Y cuando lo hagas, se sentirá como si todas sus emociones, años de frustración e ira se derraman por el precipicio en esa única interacción.

Por eso te recomendamos que practiques. La práctica no solo te ayudará a trabajar y desarrollar tu argumento, te facilitará el proceso y te asegurará de no arremeter, especialmente con alguien importante como tu jefe. Para practicar, siga las recomendaciones del capítulo dos. Repite lo que vas a decir y hacer frente al espejo. Ensaye con un amigo y / o familiar. Incluso puede desarrollar su habilidad practicando con problemas menores del día a día que normalmente no lo excitarían, como una mesera que mezcla su pedido. En estas situaciones, no se preocupe por obtener lo que desea.

. . .

Simplemente concéntrese en afirmarse a sí mismo con calma y de la manera correcta.

Otro ejercicio para facilitar la transición es observar a las personas que son comunicadores fuertes y asertivos.

Todos tenemos personas en nuestra vida que tienen talento en esta área, ya sean familiares, amigos, conocidos o transeúntes. Estas personas tienen la habilidad de hablar y ganarse el respeto de los demás. Busque a estas personas en su entorno y observe lo que hacen y cómo interactúan. No tienes que hacerte amigo o pasar el rato con ellos. Todo lo que tienes que hacer es observar las diversas formas en que entran y salen de las conversaciones con las personas. Vea cómo actúan, reaccionan y mantienen la compostura.

Al hacer esto, observe tantos tipos diferentes de personas como pueda: jóvenes y viejos, hombres y mujeres, atractivos y poco atractivos, e incluso de alto y bajo estatus. Además, realice las observaciones en tantos entornos diferentes como sea posible en la tienda de comestibles, la oficina, la biblioteca y las reuniones sociales. Identifique y examine la mayor cantidad de comunicadores fuertes y asertivos dentro y alrededor de usted.

. . .

Observar a las personas en interacciones asertivas fue fundamental para mi éxito. Cuanto más observaba a los demás, más veía cómo se hacía. También noté que la asertividad era independiente de la edad, el sexo y el estado. Era una cuestión de elección, y aquellos que optaron por afirmar lo hicieron sin sentirse mal por ello. Aquellos que no lo hicieron, simplemente observaron desde el margen.

Lo más importante de todo, vi que la asertividad no estaba en todo eso difícil y rara vez resultó en las consecuencias que temía y temía. Todo esto me dio una gran comprensión y una gran motivación para actuar.

Estas son algunas de las dificultades que pueden frenarlo al iniciar su viaje asertivo. Otro factor que puede frenarlo se relaciona con los mitos que tenemos sobre la asertividad. Muchos de nosotros tenemos percepciones erróneas que desalientan el comportamiento asertivo.

Su nuevo conjunto de herramientas

Ahora tiene un conjunto de herramientas de nuevas habilidades e información para utilizar a medida que se convierte en un comunicador más asertivo. Con su nuevo kit de herramientas, está equipado con información y ejercicios para:

- Preséntate físicamente como alguien para ser considerado seriamente. Tiene ejercicios que puede practicar siempre que le resulte difícil mirar a alguien a los ojos o ponerse de pie para hablar frente a una multitud.
- Asegúrese de que la persona que cree coincide con la persona que ven los demás. Presentas tus pensamientos internos de forma clara, respetuosa y concisa sin disculparte por quién eres o lo que estás diciendo.
- Comuníquese con precisión. Tiene cuatro métodos diferentes, pero específicos, para articularse en casi cualquier situación. Ahora sabe cómo usar su voz correctamente para evitar ser malinterpretado o ignorado.
- Sea un mejor socio para su pareja. Aprendió que la comunicación es más efectiva cuando explica claramente sus deseos y necesidades, en lugar de asumir que la otra persona simplemente sabrá lo que usted quiere. También aprendió que ser un oyente activo mejorará sus posibilidades de satisfacer sus necesidades y deseos.
- Sea un mejor padre. Ahora que sabe cómo mantenerse firme, puede enseñar esta valiosa habilidad a sus hijos. Puede hablar con ellos sobre el comportamiento asertivo o modelarlo en situaciones cotidianas, para que puedan aprender a respetarse a sí mismos y a los demás en una etapa temprana de su desarrollo.
- Sea un mejor amigo o cuidador de un padre.

Está preparado para hacer frente a los desafíos difíciles que surgen a medida que se forma como un adulto y son más capaces de establecer límites, admitir que necesita ayuda y hacer preguntas.

- Manejar los desafíos del lugar de trabajo. Tienes herramientas que te ayudarán a defenderte cuando quieras un reconocimiento o un salario más alto. Es más capaz de decir "no" cuando alguien intenta sobrecargar su horario o aprovechar su tiempo.
- Compre con inteligencia y obtenga lo que necesita como consumidor. Tienes nuevas reglas básicas para ayudarte cuando te enfrentas a una situación desafiante que requiere fortaleza y perseverancia. También tiene formas más efectivas de tratar con los vendedores de alta presión.
- Cambia tu forma de pensar. Al usar estas herramientas, su mentalidad comenzará a cambiar de una víctima pasiva a un comunicador en control. Cuanto más emplee las herramientas, más se verá a sí mismo de esa manera. Eventualmente, el título se convertirá en una profecía auto cumplida.

Midiendo su éxito

Las recompensas de la comunicación asertiva son muchas.

Aquí hay algunas áreas generales en las que es probable que note mejoras de inmediato.

- No te sientes tan estresado. Tener que ceder todo el tiempo es doloroso. Es una herida para el ego y puede hacerte pensar que no importas. Los conflictos de cualquier tamaño pueden haberlo hecho sentir ansioso o incluso con náuseas. Cuando recurra a esa fuerza para comunicarse de manera asertiva, aunque su corazón esté acelerado, se sentirá aliviado por decir lo que quiere. Incluso puede sentirse mareado por finalmente poder decir "no" a algo que ha estado temiendo.
- Tus relaciones se vuelven más honestas. No hay garantías de que obtendrá lo que desea cuando se comunica de manera asertiva. Sin embargo, lo que está garantizado es que la otra persona sabrá exactamente lo que quiere y necesita si ha sido asertivo y respetuoso. Ya no estás fingiendo. Estás siendo un socio / padre / amigo / empleado genuino y respetuoso que está plenamente capacitado para establecer límites y expresarse con honestidad.
- Mejora tu salud física. Ser constantemente pasivo puede ser síntoma de un problema más profundo como la baja autoestima o la

depresión. Estar enojado todo el tiempo con comportamiento agresivo probablemente le haya elevado la presión arterial o le haya provocado uno o dos dolores de cabeza. Cuando eres asertivo, tienes el control de tus emociones y de lo que dices y haces. No te sientes culpable o molesto por comunicarte porque te respetas a ti mismo y a la otra persona también. No tiene que sentir miedo o sentir que tiene que gritar cuando se enfrenta a un conflicto. Puede encontrar que este giro refrescante de los acontecimientos lo lleve a una mente más tranquila, mejor descanso por la noche, presión arterial más baja y más energía durante el día.

Independientemente de los beneficios que obtenga de su nuevo comportamiento asertivo, no permita que sus limitaciones pasivas los eclipsen.

Conclusión

Gracias por leer cada palabra hasta el final del pensamiento expuesto en este breve libro.

Espero que este libro le ofrezca algunos beneficios y conocimientos sobre sus procesos de pensamiento y capacidad de no importarle tanto la aprobación de los demás.

Transformarse en alguien a quien no le importa qué de los demás, no sucederá de la noche a la mañana. La aprobación social es, después de todo, un instinto que ha ayudado a nuestros ancestros a sobrevivir desde que vivimos en los árboles hasta ahora. Pero puedes crear nuevos hábitos que refuerzan una nueva creencia.

. . .

Una creencia que le asegura que está completamente bien expresar su opinión.

Está completamente bien hablar desafiante y lo suficientemente fuerte para que la gente alrededor escuche lo que está diciendo.

Es completamente aceptable hacer la mayoría de las cosas que le gustaría hacer. Solo tomará algo de práctica.

Recuerde hacer siempre lo que sea más emocionante para usted. Es la única forma con la que lograrás crecer. No hay atajos para salir de tu zona de confort. No hay una pastilla mágica para curar sus ansiedades. En lugar de eso, abraza esos miedos y toma acción auténtica de todos modos.

No existe el fracaso. O tienes éxito, o aprendes algo. Esas son las únicas dos opciones. Por lo tanto, ¡siempre estás ganando!

Por ejemplo, si desea iniciar una conversación con alguien nuevo, tal vez la conversación vaya bien desde el principio.

O tal vez tu forma de hablar o tu comportamiento hizo que la otra persona se sintiera incómoda y se excusaron de la interacción. ¿Fue un fracaso? ¡Por supuesto que no!

. . .

Acaba de aprender que la próxima vez debe sonreír, hablar más despacio, hablar más alto, pensar más en ti, y en las cosas que puede trabajar. Todo es una experiencia de aprendizaje.

Cada experiencia es una forma de éxito.

Espero que haya obtenido valor de este libro.

www.ingramcontent.com/pod-product-compliance
Lightning Source LLC
Chambersburg PA
CBHW072017070526
44583CB00015B/1525